かん字の ふくしゅう 1

かん字を つかおう

あたらしく つかう、二年の きょうかしょで ふくしゅう する かん字 です。

サクッと こたえ あわせ

1 かん字の よみがなを かきましょう。 24てん(一つ3)

① 王（　）さまに あう。

② 左（　）に まがる。

③ チョウを 見（　）つける。

④ 先生（　）が はなす。

⑤ 手（　）を 上げる。

⑥ 学校（　）に いく。

⑦ いすの 右（　）に 立つ。

⑧ 音（　）が きこえる。

2 □には かん字を、〔 〕には かん字と ひらがなを かきましょう。 24てん(一つ4)

① ぼくは □(ちから) もちだ。

② ふろに 〔　〕(はいる)。

③ 〔　〕(ちいさい) ねこ。

④ □(おんな) の子が なく。

⑤ □(むし) とりが すきだ。

⑥ 〔　〕(おおきい) いえ。

きょうかしょ 上25・49・73・131ページ

← うらの ページに つづくよ！

3 かん字の よみがなを かきましょう。 24てん(一つ3)

① 月（　）よう日の あさ。

② きれいな 夕日（　）。

③ 村（　）の 田んぼ。

④ 森（　）を あるく。

⑤ 八人（　）の 子ども。

⑥ きょうは 休（　）みだ。

⑦ 大きな 青空（　）。

⑧ しっかりと 立（　）つ。

4 □には かん字を、〔　〕には かん字と ひらがなを かきましょう。 28てん(一つ4)

① □(あめ) が ふる。

② □(ご) ひきの 犬。

③ □□(いっぽん) の ペン。

④ □□(てんき) が よい。

⑤ 〔　〕(しろい) くも。

⑥ 〔　〕(あかい) リボン。

⑦ □(くるま) に のる。

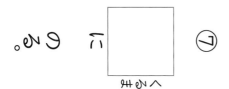

きほんのドリル 2

風の ゆうびんやさん (1)

じかん 15ふん
ごうかく80てん
／100
サクッと こたえあわせ
こたえ 101ページ
月　日

かいて おぼえよう！

教 16ページ
風 フウ かぜ かざ （はらう）
強風（きょうふう） 風の音（かぜのおと） 風むき（かざむき）
風（かぜ）
9画 風風風風風風風風風

教 18ページ
元 ゲン ガン もと （ながく）
元気（げんき） 元日（がんじつ） 元にもどる（もとにもどる）
元（ひとあし にんにょう）
4画 元元元元

教 18ページ
読 ドク トウ よむ （はねる）
読書（どくしょ） 読点（とうてん） 本を読む（ほんをよむ）
読（ごんべん）
14画 読読読読読読読読読読読読読読

教 19ページ
言 ゲン ゴン いう こと （とめる）
言語（げんご） 二言（にごん） 母に言う（ははにいう） 言葉（ことば）
言（げん）
7画 言言言言言言言

——の 読みは、この ページでは ならいません。

1 読みがなを かきましょう。 30てん（一つ6）

① つよい 風（　）が ふく。
② 元気（　）に あそぶ。
③ はがきを 読（　）む。
④ やさしく 言（　）う。
⑤ 言（　）いつけを まもる。

ていねいに れんしゅうしよう。

うらの ページに つづくよ！

❷ あてはまる　かん字を　かきましょう。

70てん(一つ10)

① つよい　□(かぜ)が　ふきつける。

② □□(げんき)な　うたごえが　ひびく。

③ むかしの　ものがたりを　□(よ)む。

④ かん字の　□(よ)みがなを　かく。

⑤ □(い)われた　とおりに　する。

⑥ 大きな　こえで　名まえを　□(い)う。

⑦ きみに　□(い)いたい　ことが　ある。

ヒント ❷ ③④ことばに かんけいするので、「言」がついています。

きほんのドリル 3

風の ゆうびんやさん (2)

月　日

じかん 15ふん
ごうかく 80てん
/100

こたえ 101ページ

サクッと こたえ あわせ

かいて おぼえよう！

教 21ページ
光 コウ / ひかる ひかり（はねる）
光線（こうせん）　星が 光る（ほしが ひかる）　月の 光（つきの ひかり）
光（ひとあし・にんにょう）
6画　光光光光光光

教 22ページ
話 ワ / はなす はなし（左下へはらう）
会話（かいわ）　お話（おはなし）　考えを 話す（かんがえを はなす）
話（ごんべん）
13画　話話話話話話話話話話話話話

教 23ページ
丸 ガン / まる まるい まるめる（まげる）
一丸（いちがん）　丸い 玉（まるい たま）　丸を つける（まるを つける）
丸（てん）
3画　丸丸丸

教 23ページ
声 セイ / こえ（はらう）
音声（おんせい）　声を 出す（こえを だす）
声（さむらい）
7画　声声声声声声声

――の 読みは、この ページでは ならいません。

読んで おぼえよう！

●…読みかたが あたらしい かん字
‖…おくりがな

教 20ページ　**木** ボク モク こ き
教 22ページ　**読** ドク トウ よ‖む

1 読みがなを かきましょう。
30てん（一つ6）

① ほしが 光る。（　　）
② たのしい お話。（　　）
③ ともだちと 話す。（　　）
④ 丸い ボール。（　　）
⑤ 人ぶつの 声。（　　）

← うらの ページに つづくよ！

❷ あてはまる　かん字を　かきましょう。

70てん（一つ7）

① ねこの　目が　□(ひか)る。

② お□(はなし)の　つづきを　きく。

③ みんなで　□(はな)す。

④ こたえを　□(まる)で　かこむ。

⑤ □(まる)い　お月さま。

⑥ かみを　□(まる)める。

⑦ 大きな　□(こえ)を　出す。

⑧ うた□(ごえ)を　きく。

⑨ □(こ)かげで　休む。

⑩ 本を　音□(どく)する。

ヒント ❷ ④⑤⑥「九」とかきまちがえないように気をつけましょう。

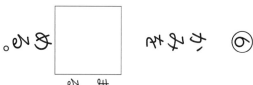

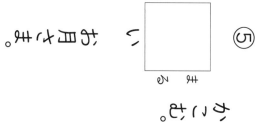

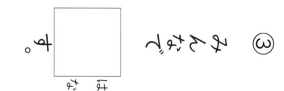

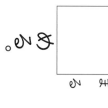

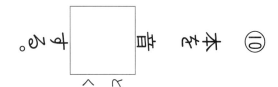

きほんのドリル 4。

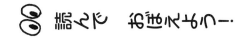

かん字を つかおう 1 としょかんへ 行こう

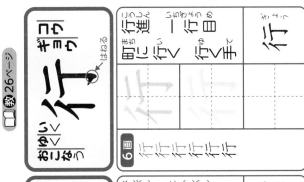

じかん 15ふん
ごうかく 80てん
/100
サクッとこたえあわせ
こたえ 101ページ
月 日

かいて おぼえよう！

行（教26ページ）
コウ・ギョウ／いく・ゆく・おこなう
はねる
6画　行行行行行行
行進（こうしん）　一行目（いちぎょうめ）　町（まち）に行（い）く　行（ゆ）く手（て）
行（ぎょう）

分（教26ページ）
ブン・フン・ブ／わける・わかれる・わかる・わかつ
はらう
4画　分分分分
半分（はんぶん）　二分間（にふんかん）　色（いろ）を分（わ）ける
分（かたな）

記（教29ページ）
キ／しるす
はねる
10画　記記記記記記記記記記
日記（にっき）　ノートに記（しる）す
記（ごんべん）

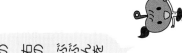

——の 読みは、この ページでは ならいません。

「記」の 右の ぶぶんを 「巳」と しないようにね。

読んで おぼえよう！

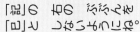

●…読みかたが あたらしい かん字　‖…おくりがな

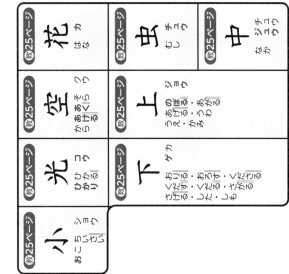

花（教25ページ） カ／はな	空（教25ページ） クウ／そら・あく・あける・から	光（教25ページ） コウ／ひかる・ひかり	小（教25ページ） ショウ／ちいさい・こ・お
虫（教25ページ） チュウ／むし	上（教25ページ） ジョウ／のぼる・あがる・あげる・うわ・うえ・かみ	下（教25ページ） カ・ゲ／おりる・おろす・くださる・くだす・くだる・さがる・さげる・した・しも	
中（教25ページ） チュウ・ジュウ／なか			

1 読みがなを かきましょう。 30てん（一つ10）

① 学校に 行く。（　　）

② ガラスの 花びん。（　　）

③ こん虫の 本。（　　）

← うらの ページに つづくよ！

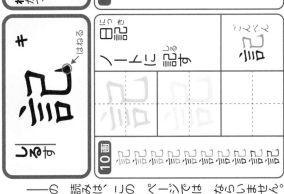

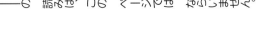

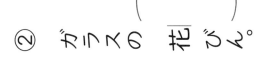

❷ あてはまる かん字を かきましょう。

70てん（一つ10）

① 三人で あめを □(わ)ける。

② □□(にっき)を つける。

③ □□□(いちにちじゅう) いえに いる。

④ □(あ)いた じかんに 本を 読む。

⑤ まどから たいようの □(ひかり)が さす。

⑥ □□(おがわ)の ほとりを さんぽする。

⑦ □□(じょうげ)を 正しい むきに する。

ヒント ❷ ④「空いた」とは「からっぽになった」といういみです。

きほんのドリル 5。 かん字の 書き方 (1)

じかん 15ふん ごうかく80点 /100
こたえ101ページ
月　日

書いて おぼえよう！

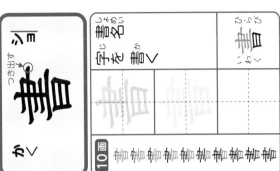

教 32ページ
書 ショ かく
つき出す
10画 書書書書書書書書書書
書名（しょめい） 字を 書く
書（ひらび）いわく

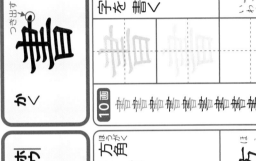

教 32ページ
方 ホウ かた
はねる
4画 方方方方
方角（ほうがく） 作り方（つくりかた）
方（ほう）

教 32ページ
作 サク サ つくる
とめる
7画 作作作作作作作
作文（さくぶん） 作業（さぎょう） 文を 作る（ぶんをつくる）
作（にんべん）

教 32ページ
点 テン
むきにちゅうい
9画 点点点点点点点点点
点線（てんせん） 点数（てんすう） 一点（いってん）
点（れっか れんが）

―の 読みは、この ページでは ならいません。

1 読みがなを 書きましょう。 30点（一つ6）

① メモに 書く。（　　）
② 文の 分け方。（　　）
③ 夕方に なる。（　　）
④ お話を 作る。（　　）
⑤ 点を つける。（　　）

「書」の よこぼうの ながさを たしかめましょう。

うらの ページに つづくよ！

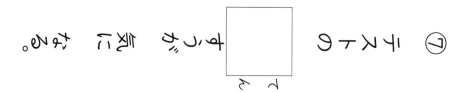

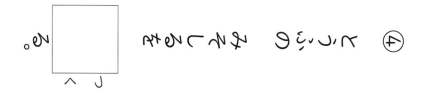

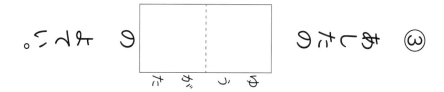

❷ あてはまる　かん字を　かきましょう。

70点（一つ10）

① もちものに　名まえを　□（か）く。

② たて□（が）きの　文を　読む。

③ あしたの　□□（ゆうがた）の　よてい。

④ とうふの　みそしるを　□（つく）る。

⑤ 記ごうを　□（てん）せんで　つなぐ。

⑥ □□（いってん）を　じっと　見つめる。

⑦ テストの　□（てん）すうが　気に　なる。

ヒント ❷ ①②上のぶぶんのかきじゅんに気をつけましょう。

きほんのドリル 6

かん字の　書き方 (2)

じかん15ふん　ごうかく80点　/100

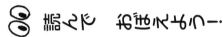

サクッとこたえあわせ　こたえ101ページ

月　日

書いて　おぼえよう！

教 32ページ

線（セン）　はねる　15画

線を 引く（せん、ひ）　直線（ちょくせん）

線（いとへん）

線線線線線線線線線線線線線線線

教 32ページ

画（ガ・カク）　出ない　8画

画家（がか）　画用紙（がようし）　計画（けいかく）

画（た）

画画画画画画画画

教 33ページ

数（スウ・かず・かぞえる）　はらう　13画

数字（すうじ）　数を 数える（かず、かぞ）

数（のぶん・ぼくづくり）

数数数数数数数数数数数数数

——の 読みは、この ページでは ならいません。

出るところ、出ないところに 気を つけて 書きましょう。

読んで　おぼえよう！

●…読み方が あたらしい かん字　＝…おくりがな

教33ページ　書（ショ・かく）

1 読みがなを 書きましょう。　30点（一つ6）

① 線で つなぐ。（　　）

② かん字の 画。（　　）

③ 小さな 数。（　　）

④ 画数を かぞえる。（　　）

⑤ 読書を 楽しむ。（　　）

← うらの ページに つづくよ！

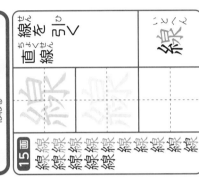

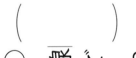

❷ あてはまる　かん字を　書きましょう。

70点（一つ10）

① まっすぐ □（せん） を　ひく。

② かん字の □□（にかく） 目。

③ □□（かくすう） を　しらべる。

④ あめ玉の □（かず） を　記ろくする。

⑤ ノートに □□（すうじ） を　書く。

⑥ 日よう日に □□（どくしょ） を　する。

⑦ すきな　本の □□（しょめい） を　つたえる。

ヒント ❷ ⑦「しょめい」とは、本のだいめいのことです。

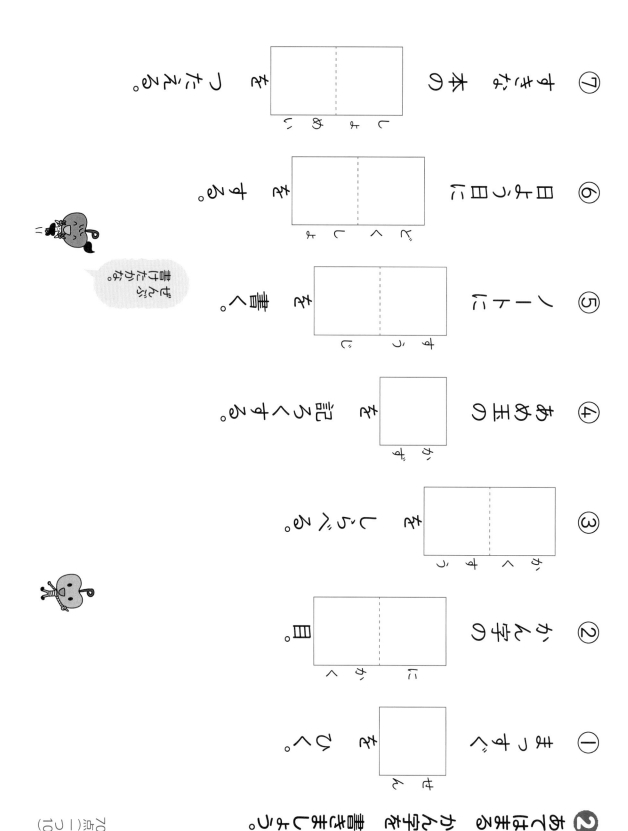

きほんのドリル 7 はたらく 人に 話を 聞こう

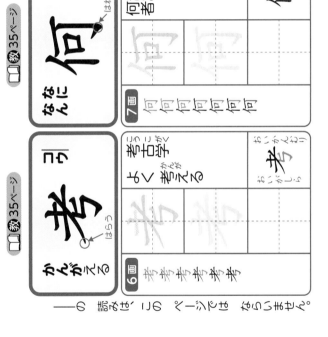

じかん 15ふん
ごうかく 80点
/100
こたえ 101ページ
月 日

書いて おぼえよう！

聞（教 34ページ）
音読み：ブン
訓読み：きく　きこえる
とめる　はねる
14画
新聞（しんぶん）　話（はなし）を 聞（き）く
音（おと）が 聞（き）こえる
聞（みみ）

何（教 35ページ）
訓読み：なに　なん
はねる
7画
何（なに）も ない　何人（なんにん）
何者（なにもの）
何（にんべん）

考（教 35ページ）
音読み：コウ
訓読み：かんがえる
はらう
6画
考古学（こうこがく）
よく 考（かんが）える
考（おいかんむり／おいがしら）

——の 読みは、この ページでは ならいません。

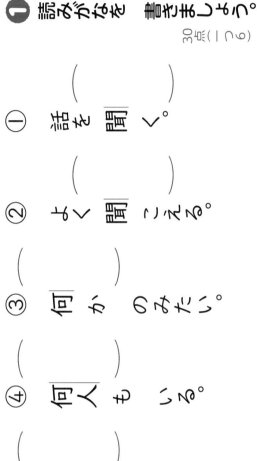

1 読みがなを 書きましょう。
30点（一つ6）

① 話を 聞く。
② よく 聞こえる。
③ 何か のみたい。
④ 何人も いる。
⑤ 考えて 書く。

「聞」は 耳で きくから 「耳」が ついて います。

おくりがなに 気を つけよう。

教科書 上34～35ページ

← うらの ページに つづくよ！

❷ あてはまる　かん字を　書きましょう。

70点（一つ10）

① 先生の　話を　よく　[き]く。

② どこかで　音が　[き]こえる。

③ もっと　話を　[き]かせて　ほしい。

④ とおくに　[なに]か　見える。

⑤ [なん]でも　いいから　のみたい。

⑥ [かんが]え方を　かえる。

⑦ よく　[かんが]えてから　へんじする。

ヒント ❷ ④⑤「可」のぶぶんの書きじゅんにちゅういしましょう。

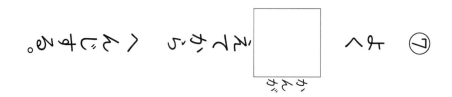

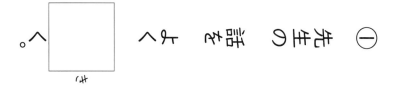

きほんのドリル 8。

たんぽぽ (1)

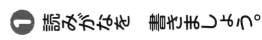

じかん 15ふん　ごうかく80点　/100

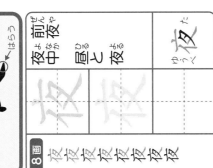

こたえ101ページ　サクッとこたえあわせ

月　日

書いて　おぼえよう！

夜（教42ページ）ヤ　よ　よる　8画
前夜（ぜんや）　夜中（よなか）　昼と夜（ひるとよる）
夜（ゆうべ・た）
夜夜夜夜夜夜夜夜

間（教42ページ）カン　ケン　あいだ　ま　12画
時間（じかん）　人間（にんげん）　夏の間（なつのあいだ）　昼間（ひるま）
間（もんがまえ）
間間間間間間間間間間間間

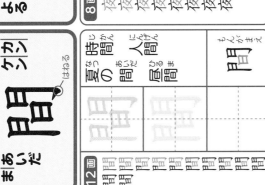

多（教43ページ）タ　おおい　下をやや大きく　6画
多少（たしょう）　数が多い（かずがおおい）
多（ゆうべ・た）
多多多多多多

少（教43ページ）ショウ　すくない　すこし　4画
少年（しょうねん）　少しだけ（すこしだけ）　水が少ない（みずがすくない）
少（しょう）
少少少少

——の　読みは、この　ページでは　ならいません。

読んで　おぼえよう！

●…読み方が　あたらしい　かん字
＝…おくりがな

数（教43ページ）スウ　かず　かぞえる

1 読みがなを　書きましょう。　30点（一つ6）

① 夜（　　）に　出かける。

② ねて　いる　間（　　）。

③ 雨の　日が　多（　　）い。

④ 人が　少（　　）ない。

⑤ 三つ　数（　　）える。

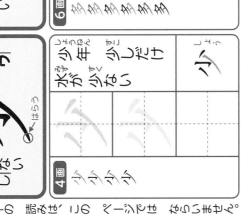

← うらの ページに つづくよ！

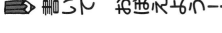

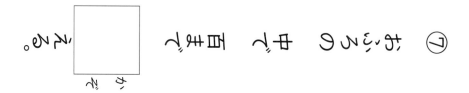

❷ あてはまる　かん字を　書きましょう。

70点（一つ10）

① □（よる）の　九じに　なる。

② つくえと　つくえの　□（あいだ）を　はなす。

③ ひるの　□（あいだ）に　しゅくだいを　する。

④ □（おお）くの　くにを　たびする。

⑤ もらった　おかしの　ほうが　□（おお）い。

⑥ のこって　いる　お金が　□（すく）なく　なる。

⑦ おふろの　中で　百まで　□（かぞ）える。

④⑤は、「タ」の　バランスに　気を　つけて　書こう。

ヒント　❷ ①「タ」を「ク」にしないように気をつけましょう。

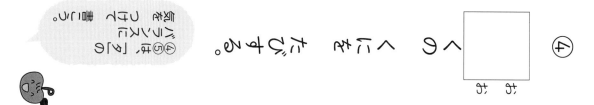

たんぽぽ (2)

時間 15ふん
ごうかく80点 ／100
こたえ101ページ
サクッとこたえあわせ
月　日

書いて おぼえよう！

教44ページ
毛 モウ　け
はねる
4画　毛毛毛毛
毛布（もうふ）　わた毛（げ）
毛（け）

教44ページ
当 トウ　あたる　あてる
つき出さない
6画　当当当当当当
当時（とうじ）　日（ひ）が当（あ）たる
当（しょう）

教46ページ
時 ジ　とき
つき出す
10画　時時時時時時時時時時
時間（じかん）　時（とき）が たつ
時（ひへん）

教48ページ
活 カツ
とめる
9画　活活活活活活活活活
生活（せいかつ）　活用（かつよう）　活力（かつりょく）
活（さんずい）

—の 読みは、この ページでは ならいません。

読んで おぼえよう！

●…読み方が あたらしい かん字

教46ページ
間 カン　ケン　あいだ　ま

1 読みがなを 書きましょう。　30点（一つ6）

① 白い わた毛。（　）
② 風が 当たる。（　）
③ 時間を かける。（　）
④ わかれの 時。（　）
⑤ 生活の ささえ。（　）

← うらの ページに つづくよ！

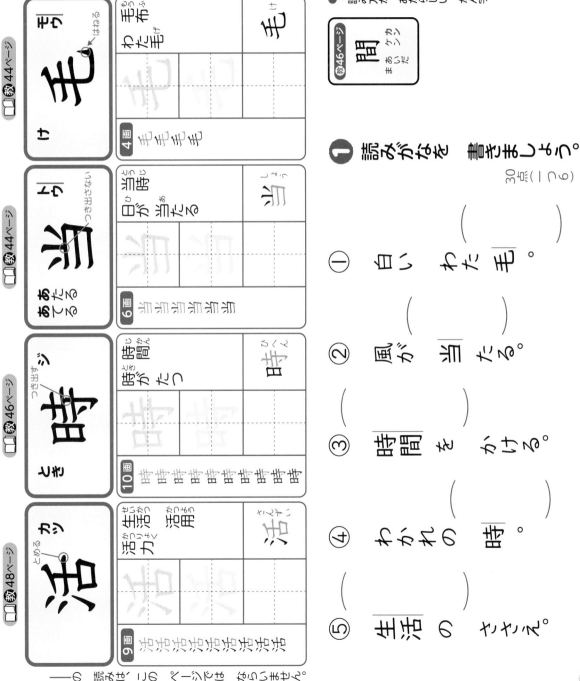

❷ あてはまる　かん字を　書きましょう。

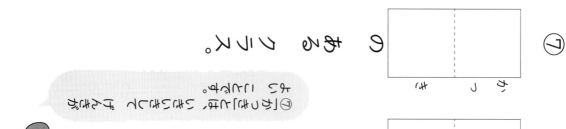

70点（一つ10）

① 赤い [　けい　|　と　] で　ぼうしを　あむ。

② やが　まとに [　あ　] たる。

③ たからくじを [　あ　] てる。

④ ながい [　じ　|　かん　] が　かかる。

⑤ [　とき　] が　たつのは　早い。

⑥ [　せい　|　かつ　] に　ひつような　もの。

⑦「かっき」とは、いきいきして　げんきが　よい　ことです。

⑦ [　かっ　|　き　] の　ある　クラス。

ヒント ❷ ②③上のぶぶんは、「⺍」ではなく「⺌」です。

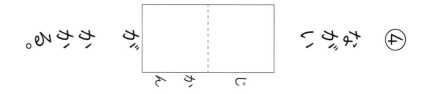

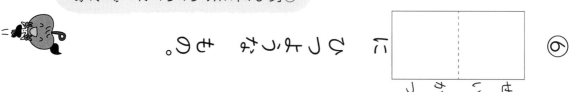

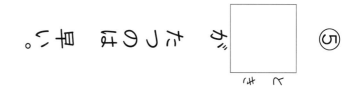

きほんのドリル 10。

たんぽぽ (3)
かん字を つかおう 2

時間 15ふん
ごうかく80点 /100
サクッと こたえあわせ
こたえ 101ページ
月 日

書いて おぼえよう！

教 48ページ
科 カ
とめる
9画 科科科科科科科科科
教科書（きょうかしょ） 科学（かがく）
科 のぎへん

教 49ページ
来 ライ くる
ながく
7画 来来来来来来来
来月（らいげつ） 人（ひと）が 来（く）る
来 き

教 49ページ
門 モン
はねる
8画 門門門門門門門門
校門（こうもん） 門番（もんばん）
門 もん

もんの かたちから できたんだよ。
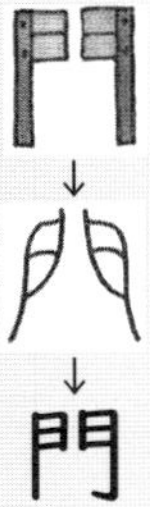

読んで おぼえよう！

●…読み方が あたらしい かん字　＝…おくりがな

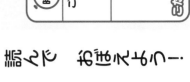

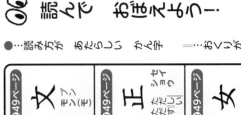

教49ページ 文 ブン モン(モ)	教49ページ 男 ダン ナン おとこ
教49ページ 正 セイ ショウ ただしい ただす まさ	教49ページ 間 カン ケン あいだ ま
教49ページ 女 ジョ おんな	

1 読みがなを 書きましょう。 30点（一つ5）

① 科学の 本。（　　）
② きゃくが 来る。（　　）
③ 正門から 出る。（　　）
④ 男子と 女子。（　　）（　　）
⑤ 人間の くらし。（　　）

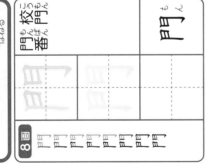

← うらの ページに つづくよ！

② 当てはまる　かん字を　書きましょう。

70点（一つ10）

① □□（かがく）が　しんぽする。

② □□（らいげつ）は　うんどうかいが　ある。

③ となりの　町から　あいに　□（く）る。

④ ていねいに　□□（もじ）を　書く。

⑤ □□（しょうがつ）の　あいさつを　する。

⑥ □□（だんじょ）で　分かれて　すわる。

⑦ □□（にんげん）と　ロボットの　ちがい。

ヒント ② ②③書きじゅんにちゅういしましょう。上からじゅんに書きます。

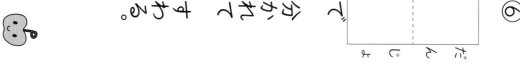

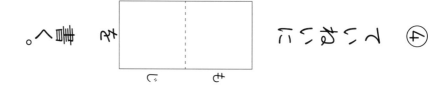

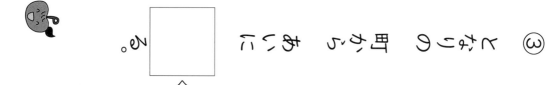

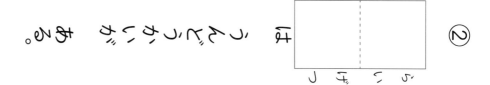

きほんのドリル 11

かんさつした ことを 書こう

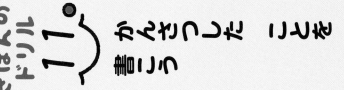

時間 15ふん
ごうかく 80点
／100
サクッと こたえ あわせ
こたえ 101ページ
月　日

書いて おぼえよう！

回（教50ページ）
カイ
まわる　まわす
出ない
6画　回回回回回回
一回（いっかい）　目が回る（めがまわる）
回（くにがまえ）

高（教51ページ）
コウ
たかい　たか　たかまる　たかめる
とめる　はねる
10画　高高高高高高高高高高
高原（こうげん）　高い山（たかいやま）　気もちが高まる（きもちがたかまる）
高（たかい）

黄（教51ページ）
オウ
き
上に つき出る
11画　黄黄黄黄黄黄黄黄黄黄黄
黄土色（おうどいろ）　黄色（きいろ）
黄（き）

色（教51ページ）
ショク　シキ
いろ
はねる
6画　色色色色色色
一色（いっしょく）　七色（なないろ）　色紙（しきし・いろがみ）
色（いろ）

——の 読みは、この ページでは ならいません。

1 読みがなを 書きましょう。　30点（一つ6）

① 回りみちを する。（　　）
② こまを 回す。（　　）
③ 木の 高さ。（　　）
④ 高とびの しあい。（　　）
⑤ 黄色の かさ。（　　）

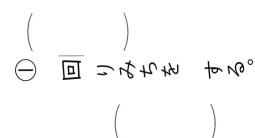

「回」の 書きじゅんに 気を つけましょう。

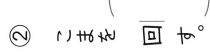

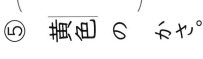

← うらの ページに つづくよ！

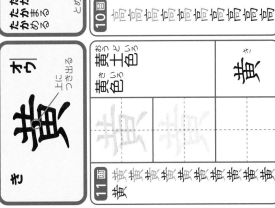

❷ 当てはまる　かん字を　書きましょう。

70点（一つ10）

① おなかが　すいて　目が □（まわ）る。

② かいらんばんを　おとなりに □（まわ）す。

③ ますます　きたいが □（たか）まる。

④ □（たか）い　山から　見おろす。

⑤ クレヨンで □□（きいろ）に　ぬる。

⑥ たまごの □（き）みを　たべる。

⑦ □（いろ）がみで　つるを　おる。

⑤⑥の　上の　ぶぶんを　「土」と　しない　ように　気を　つけましょう。

ヒント ❷ ⑤⑥「由」を「田」と書かないようにしましょう。

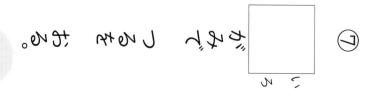

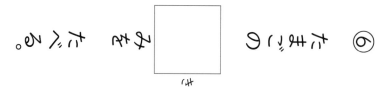

まとめのドリル 12

風の　ゆうびんやさん～かんさつした　ことを　書こう

時間 20ぷん

ごうかく80点　／100

サクッと こたえあわせ

こたえ 102ページ

月　日

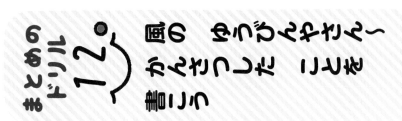

1 かん字の　読みがなを　書きましょう。　50点（一つ5）

① 黄色（　）の　たんぽぽが　風（　）に　ゆれる。

② 何か、（　）　大きな　音が　聞（　）こえた。

③ 生活科（　）で　ありの　かんさつを　する。

④ 読書（　）を　するのが　すきだ。

⑤ 高（　）い　ところから　町を　見わたす。

⑥ かん字の　三画（　）目を　はねる。

⑦ たいようの　光（　）せんを　あびる。

⑧ ならんで　いる　人数を　数（　）える。

うらの ページに つづくよ！

教科書 上16～51ページ

2 当てはまる かん字を 書きましょう。〔 〕には かん字と ひらがなを 書きましょう。

50点（一つ5）

① □□（げんき）な □（こえ）で あいさつを する。

② 学校に 〔　　（いく）　　〕。

③ □（よる）に でんわが かかって くる。

④ □□（けいと）の 玉が ころがる。

⑤ じっくり □（かんが）えて 〔　　（つくる）　　〕。

⑥ □□（せいもん）から たてものに 入る。

⑦ □□（てんせん）を えんぴつで つなぐ。

⑧ □□（じかん）が あっというまに すぎる。

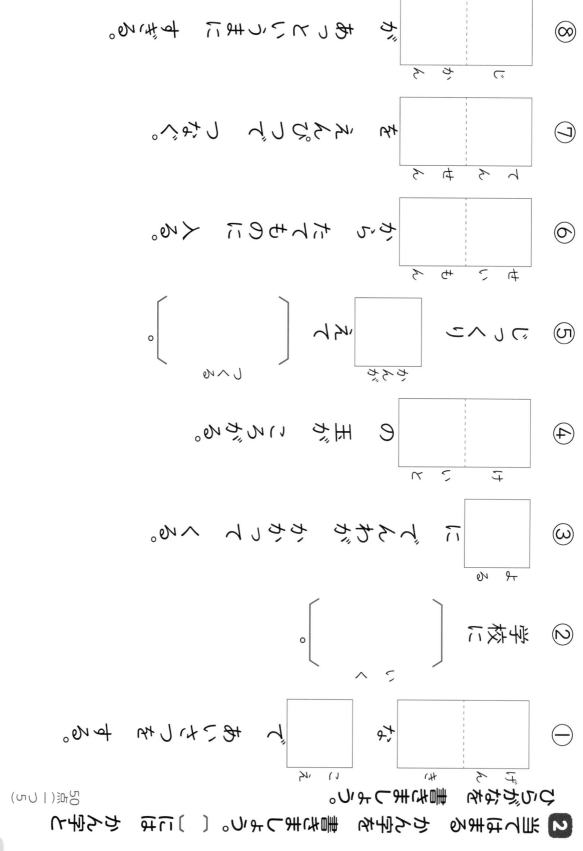

きほんのドリル 13。 かたかなで 書く ことば

書いて おぼえよう！

教 54ページ

外 ガイ／そと・はずす・はずれる
とめる
5画　外外外外外
外国（がいこく）　外がわ（そとがわ）　ふみ外す（はずす）
タ　ゆうべ（た）

教 54ページ

国 コク／くに
わすれない
8画　国国国国国国国国
国語（こくご）　北国（きたぐに）　外国（がいこく）
囗　くにがまえ

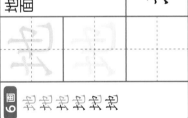

教 54ページ

地 チ・ジ
右上にはねる
6画　地地地地地地
土地（とち）　地面（じめん）　地下（ちか）
土　つちへん

教 54ページ

前 ゼン／まえ
はねる
9画　前前前前前前前前前
前後（ぜんご）　前向き（まえむき）
刂　りっとう

――の 読みは、この ページでは ならいません。

読んで おぼえよう！

●…とくべつな 読み方を する かん字

教55ページ 一人（ひとり）
教55ページ 二人（ふたり）
教55ページ 大人（おとな）

1 読みがなを 書きましょう。 30点（一つ6）

① 外国（　　） に 行く。
② めずらしい 地名（　　）。
③ 名前（　　） を 書く。
④ 大人（　　） と でかける。
⑤ 二人（　　） で 話す。

← うらの ページに つづくよ！

2 当てはまる　かん字を　書きましょう。

70点（一つ10）

① □（がいこく）の　町を　見て　回る。

② □（こく）ごの　じゅぎょうを　うける。

③ □（ちじょう）三十メートルの　ビル。

④ □（まえ）回りの　れんしゅうを　する。

⑤ まっすぐ　□（まえ）を　むいて　あるく。

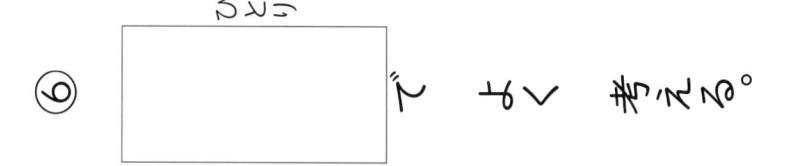

⑥ □（ひとり）で　よく　考える。

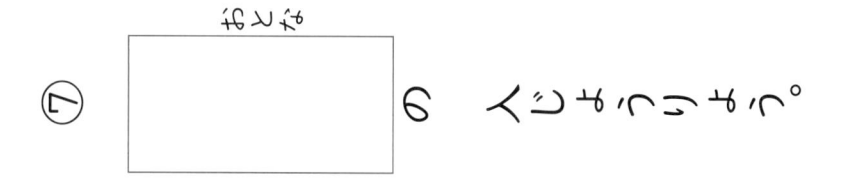

⑦ □（おとな）の　入じょうりょう。

ヒント 2

①②「口」の下のよこぼうは、さいごに書きます。

⑥⑦二つのかん字があわさって、とくべつな読み方になります。

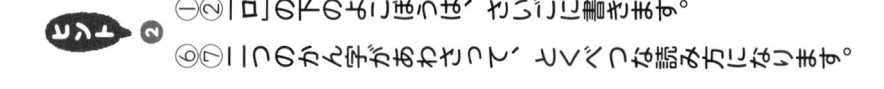

きほんのドリル 14。名前を 見て ちょうだい (1)

時間 15ふん
ごうかく80点 ／100
答え 102ページ
月　日

書いて おぼえよう！

野（教59ページ）ヤ／の　はねる
11画
野外（やがい）　野草（やそう）　野山（のやま）　野宿（のじゅく）
野（さとへん）

原（教59ページ）ゲン／はら　はらう　はねる　とめる
10画
草原（そうげん）　原形（げんけい）　原っぱ（はらっぱ）
原（がんだれ）

頭（教60ページ）トウ・ズ／あたま　ななめに
16画
先頭（せんとう）　頭上（ずじょう）　石頭（いしあたま）
頭（おおがい）

答（教60ページ）トウ／こたえる・こたえ　はらう
12画
返答（へんとう）　問いに答える（といにこたえる）
答（たけかんむり）

――の 読みは、この ページでは ならいません。

読んで おぼえよう！

●…読み方が あたらしい かん字　＝…おくりがな

方（教59ページ）ホウ　かた
当（教61ページ）トウ　あ<u>たる</u>　あ<u>てる</u>

1 読みがなを 書きましょう。 30点(一つ6)

① 野原（　　　）に さく 花。
② 頭（　　　）を さげる。
③ 答（　　　）えを 書く。
④ 右の 方（　　　）を むく。
⑤ 本当（　　　）の こと。

← うらの ページに つづくよ！

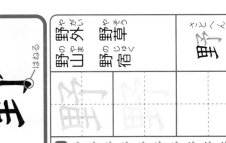

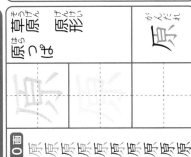

❷ 当てはまる　かん字を　書きましょう。

70点（一つ10）

① □□（のやま）を　かけ回る。

② □（はら）っぱで　サッカーを　する。

③ てれて　□（あたま）を　かく。

④ □（こた）えを　かみに　書く。

⑤ しつもんに　□（こた）える。

⑥ 右に　□（ほう）こうを　かえる。

⑦ たからくじに　□（とう）せんする。

ヒント ❷ ②「日」の上の点をわすれないようにしましょう。

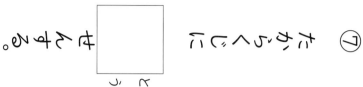

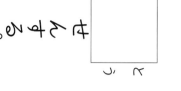

きほんのドリル 15。 名前を 見て ちょうだい (2)

時間 15ふん
ごうかく80点 /100
答え 102ページ
月 日

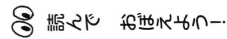

書いて おぼえよう！

牛 （教62ページ）
ギュウ／うし
ながく
4画 牛牛牛牛
牛肉（ぎゅうにく）　子牛（こうし）
牛（うし）

場 （教70ページ）
ジョウ／ば
はらう
12画 場場場場場場場場場場場場
会場（かいじょう）　場合（ばあい）
場（つちへん）

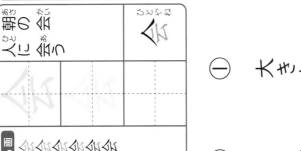

会 （教70ページ）
カイ／あう
はらう
6画 会会会会会会
朝（あさ）の会（かい）　人（ひと）に会（あ）う
会（ひとやね）

思 （教71ページ）
シ／おもう
はねる
9画 思思思思思思思思思
思考（しこう）　よく思（おも）う
思（こころ）

——の 読みは、この ページでは ならいません。

読んで おぼえよう！

●…読み方が あたらしい かん字　‖…おくりがな

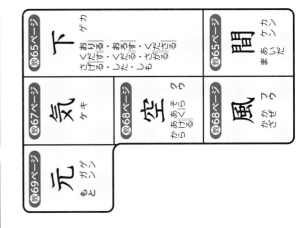

- 下（教65ページ） カ・ゲ／おりる・おろす・くださる・くだす・くだる・さがる・さげる・した・しも
- 間（教65ページ） カン・ケン／あいだ・ま
- 気（教67ページ） キ・ケ
- 空（教68ページ） クウ／そら・あく・あける・から
- 風（教68ページ） フウ／かぜ・かざ
- 元（教69ページ） ゲン・ガン／もと

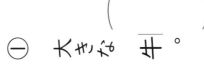

1 読みがなを 書きましょう。 44点（一つ11）

① 大きな 牛。（　　）
② ともだちに 会う。（　　）
③ うれしく 思う。（　　）
④ にもつを 下ろす。（　　）

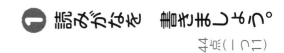

← うらの ページに つづくよ！

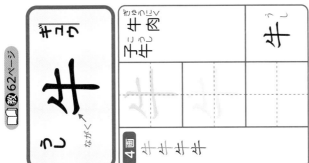

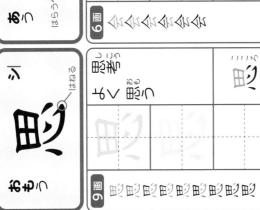

❷ 当てはまる　かん字を　書きましょう。

56点（一つ8）

① □□（こうし）の　せわを　する。

② あそぶ　□（ば）しょを　さがす。

③ □（おも）った　ことを　よく文に　書く。

④ □□（みずけ）の　多い　くだもの。

⑤ おいしい　□□（くうき）を　すう。

⑥ □（ふう）せんを　大きく　ふくらます。

⑦ 本を　□（もと）どおりに　かたづける。

ヒント ❷ ④⑤「き」と「け」という読み方がある かん字です。

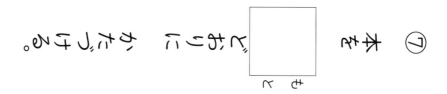

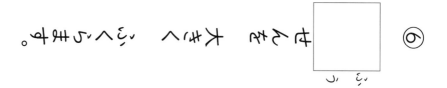

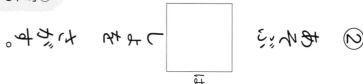

きほんのドリル 16。 かん字を つかおう 3 (1)

時間 15ふん　ごうかく80点　/100

サクッと こたえ あわせ　答え 102ページ

月　日

書いて おぼえよう！

今（教73ページ）
コン　いま
はらう
4画　今今今今
今週（こんしゅう）　今ごろ（いまごろ）
今（ひとやね）

社（教73ページ）
シャ　やしろ
ながく
7画　社社社社社社社
社会（しゃかい）　村の社（むらのやしろ）
社（しめすへん）

親（教73ページ）
シン　おや　したしい　したしむ
はねる
16画　親親親親親親親親親親親親親親親親
親切（しんせつ）　親子（おやこ）　親しい人（したしいひと）
親（みる）

友（教73ページ）
ユウ　とも
つき出す
4画　友友友友
友人（ゆうじん）　友だち（ともだち）
友（また）

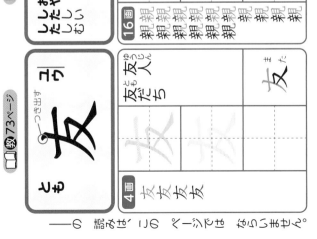

——の 読みは、この ページでは ならいません。

読んで おぼえよう！

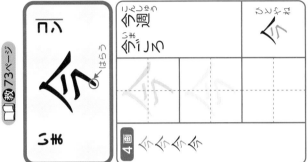

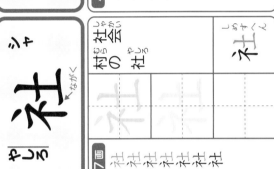

●…読み方が あたらしい かん字　||…おくりがな

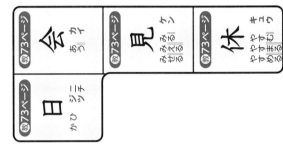

- 会（教73ページ）　カイ　あう
- 見（教73ページ）　ケン　みる　みえる　みせる
- 休（教73ページ）　キュウ　やすむ　やすまる　やすめる
- 日（教73ページ）　ニチ　ジツ　ひ　か

1 読みがなを 書きましょう。 30点（一つ6）

① 今（　　）から はじめる。

② 社（　　）ちょうの 話。

③ 親子（　　）で 出かける。

④ 友（　　）だちの かお。

⑤ 来月の 休日（　　）。

教科書 上73ページ

うらの ページに つづくよ！

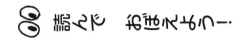

❷ 当てはまる かん字を 書きましょう。

70点（一つ10）

① きっと □（いま）ごろは でん車の 中だ。

② □□（しゃかい）の 中の やくわり。

③ □（した）しく 話を する。

④ □□（おやこ）で えん足に 行く。

⑤ □（とも）だちと なかよく あそぶ。

⑥ しごと場を □□（けんがく）する。

⑦ のんびり □□（きゅうじつ）を すごす。

ヒント ❷ ①下を「フ」にしないようにしましょう。「ラ」です。

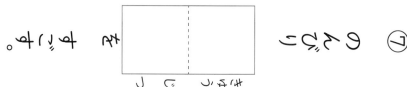

きほんのドリル 17

かん字を つかおう 3 (2)
じゅんじょ こんな ことを して いるよ (1)

時間 15ふん
ごうかく80点
/100
サクッと こたえ あわせ
答え 102ページ
月 日

書いて おぼえよう！

教73ページ
明 メイ・ミョウ／あかり・あかるい・あかるむ・あからむ・あきらか・あける・あく・（あかるむ・あからむ）
はらう・はねる
8画 明明明明明明明明
明暗（めいあん） 明朝（みょうちょう） 月明かり（つきあかり） 明るい（あかるい）色（いろ）
ひへん

教73ページ
計 ケイ／はかる・はからう
とめる
9画 計計計計計計計計計
計画（けいかく） 時間（じかん）を 計る（はかる）
ごんべん

教73ページ
算 サン
とめる
14画 算算算算算算算算算算算算算算
算数（さんすう） 計算（けいさん）
たけかんむり

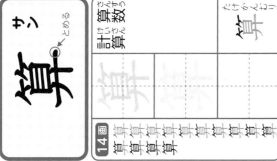

教76ページ
組 ソ／くむ・くみ
とめる
11画 組組組組組組組組組組組
組しき（そしき） ひと組（くみ） うでを 組む（くむ）
いとへん

――の 読みは、この ページでは ならいません。

読んで おぼえよう！

●…読み方が あたらしい かん字　‖…おくりがな

教73ページ **言** ゲン・ゴン／いう・こと

教74ページ **生** セイ・ショウ／いきる・いかす・いける・うまれる・うむ・はえる・はやす・なま

1 読みがなを 書きましょう。 44点（一つ11）

① 明るい へや。（　　）
② 計算を する。（　　）
③ うでを 組む。（　　）
④ 生の ぎゅうにく。（　　）

うらの ページに つづくよ！

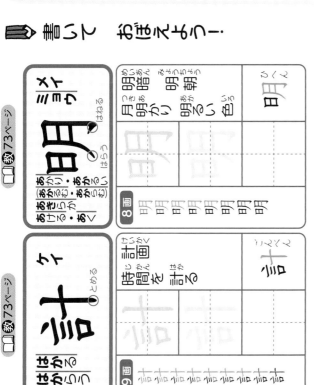

❷ 当てはまる かん字を 書きましょう。

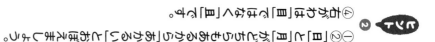

56点（一つ8）

① ていねいに やり方を せつ［めい］する。

② ［あか］るい 色の ぼうしを かぶる。

③ むずかしい ［けいさん］を する。

④ プラモデルを ［く］み立てる。

⑤ ひとり［ごと］を つぶやく。

⑥ 青森けんの ［ほうげん］。

⑦ ［なま］の たまごを たべる。

ヒント ❷
①②「日」と「月」がどちらもあるから「あかるい」とおぼえましょう。
④右がわは「目」ではなく「且」です。

こんな ことを して いるよ (2) 話そう、二年生の わたし

時間 15ふん　ごうかく80点　/100

サクッと こたえ あわせ　答え 102ページ

月　日

書いて おぼえよう！

教 76ページ
家 カ ケ / いえ や
はねる
10画 家家家家家家家家家家
家族(かぞく)　家来(けらい)　家(いえ)の 中(なか)　空(あ)き家(や)
家 うかんむり

教 78ページ
自 ジ シ / みずから
はらう
6画 自自自自自自
自分(じぶん)　自(し)ぜん　自(みずか)ら 学(まな)ぶ
自 みずから

教 82ページ
心 シン / こころ
はねる
4画 心心心心
安心(あんしん)　中心(ちゅうしん)　心(こころ)がけ　心(こころ)くばり
心 こころ

教 83ページ
教 キョウ / おしえる おそわる
はねる
11画 教教教教教教教教教教教
教科書(きょうかしょ)　道(みち)を 教(おし)える
教 のぶん（ぼくづくり）

――の 読みは、この ページでは ならいません。

読んで おぼえよう！

●…読み方が あたらしい かん字　‖…おくりがな

教 78ページ
分 ブン フン ブ / わ‖ける・わ‖かれる / わ‖かる・わ‖かつ

教 80ページ
行 コウ ギョウ / い‖く ゆ‖く / おこな‖う

1 読みがなを 書きましょう。 30点(一つ6)

① 家(　　)に かえる。

② 自分(　　)で しらべる。

③ 心(　　)が きれいだ。

④ 書き方を 教(　　)える。

⑤ 三行目(　　)の 文。

うらの ページに つづくよ！

❷ 当てはまる　かん字を　書きましょう。

70点（一つ10）

①（いえ）□の　中は　すずしい。

②（じぶん）□□で　みちを　しらべる。

③（こころ）□の　中に　思いうかべる。

④ 手がみが　来たと（おし）□える。

⑤ おとうさんから　九九を（おそ）□わる。

⑥（さんにんぶん）□□□の　おさら。

⑦ 五ページの（いちぎょうめ）□□□。

④⑤ おくりがなで　読み方が　かわるよ。

ヒント ❷ ②「自」とまちがえないようにしましょう。

どうぶつ園の かんばんと ガイドブック (1)

時間 15ふん
ごうかく80点 /100
サクッと こたえ あわせ
答え 102ページ
月　日

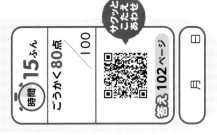

書いて おぼえよう！

教 88ページ
園 エン（とめる）
13画 園園園園園園園園園園園園園
公園（こうえん）　園長（えんちょう）
園（くにがまえ）

教 88ページ
知 チ　しる（はらう）
8画 知知知知知知知知
知人（ちじん）　知力（ちりょく）　よく 知る（し）
知（やへん）

教 89ページ
体 タイ　からだ（とめる、はらう）
7画 体体体体体体体
体力（たいりょく）　体を（からだ） あらう
体（にんべん）

教 89ページ
長 チョウ　ながい（ながく）
8画 長長長長長長長長
長時間（ちょうじかん）　ひもの 長さ（なが）
長（ながい）

——の 読みは、この ページでは ならいません。

1 読みがなを 書きましょう。

30点（一つ6）

① ひろい こう園。（　　）
② はじめて 知る。（　　）
③ 体を きたえる。（　　）
④ 長い かみ。（　　）
⑤ 長さを はかる。（　　）

「体」は とめる ところと はらう ところを くべつしましょう。

うらの ページに つづくよ！

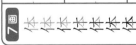

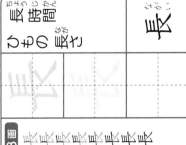

❷ 当てはまる　かん字を　書きましょう。

70点（一つ10）

① こう□(えん)の　すな場で　あそぶ。

② どうぶつ□(えん)に　行く。

③ □(し)りあいに　ばったり　会う。

④ よく□(し)って　いる　人ばかりだ。

⑤ うんどうを　して　□(からだ)を　きたえる。

⑥ □(なが)い　じょうぎを　つかう。

⑦ リボンの□(なが)さを　はかる。

⑤かたちの　にて　いる
字が　あるね。
「休」と　どこが　ちがうかな。

ヒント ❷
①②「にわ」といういみがあるかん字です。
③④左がわの「矢」を「天」にしないようにちゅういしましょう。

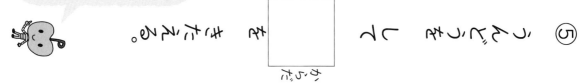

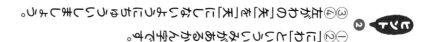

きほんのドリル 20

どうぶつ園の ガイドブック かんばんと (2)

時間 15ふん
ごうかく80点 /100
答え 102ページ
月 日

書いて おぼえよう！

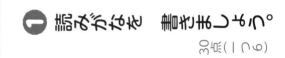

太（教89ページ）	タイ・タ / ふとい・ふとる（はらう）	4画 太太太太	太陽（たいよう）　丸太（まるた）　太い（ふとい）　木（き）　太（だい）
肉（教93ページ）	ニク（つき出す）	6画 肉肉肉肉肉肉	肉（にく）を 食（た）べる　肉体（にくたい）　肉（にく）
同（教94ページ）	ドウ / おなじ（はねる）	6画 同同同同同同	同時（どうじ）　同（おな）じ 色（いろ）　同

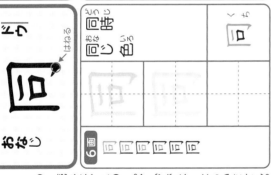

―の 読みは、この ページでは ならいません。

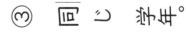

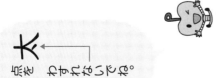

太 点を わすれないでね。

読んで おぼえよう！

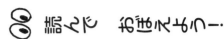

●…読み方が あたらしい かん字　―…おくりがな

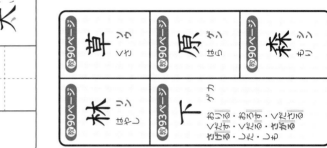

草（教90ページ）	ソウ　くさ
原（教90ページ）	ゲン　はら
森（教90ページ）	シン　もり
林（教90ページ）	リン　はやし
下（教93ページ）	ゲ　カ　おりる・おろす・くだす・くだる・くださる・さげる・した・しも

1 読みがなを 書きましょう。 30点（一つ6）

① 太い 木を 切る。（　　）

② お肉を やく。（　　）

③ 同じ 学年。（　　）

④ 草原の 生きもの。（　　）

⑤ 森林の みどり。（　　）

うらの ページに つづくよ！

❷ 当てはまる　かん字を　書きましょう。

70点（一つ10）

① よく［ふと］った　子牛。

② ぶあつい［にく］を　やいて　たべる。

③ 考えて　いる　ことが［おな］じだ。

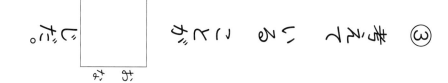

④ ［そうげん］に　すむ　どうぶつ。

⑤ ［しんりん］の　みどりを　まもる。

⑥ ねだんを［さ］げて　うる。

⑦ おんどが［さ］がる。

ヒント ❷
①「大」「犬」など、かたちのにている字にちゅういしましょう。
④「くさはら」とも読みます。

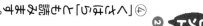

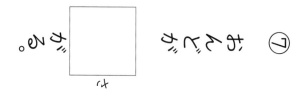

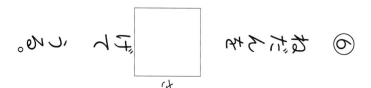

四月から七月にならった かん字と ことば

時間 15ふん
ごうかく80点
／100
サクッとこたえあわせ
答え 102ページ
月　日

1 かん字の 読みがなを 書きましょう。 25点（一つ5）

① 長い（　）リボン。

② 同じ（　）地方（　）の おみやげ。

③ 算数（　）の ノートを ひらく。

④ 休日（　）に 出かける。

2 当てはまる かん字とひらがなを 書きましょう。 25点（一つ5）

① ［ふとい］ えだを きる。

② ［したしい］ 友だち。

③ ［あかるい］ 声で ［こたえる］。

④ わたしが ［おもった］ とおりだ。

うらの ページに つづくよ！

3 かん字の　読みがなを　書きましょう。

30点（一つ5）

①
- あ　ひろい　草（そう）原（　）。
- い　野（　）原（　）で　あそぶ。

②
- あ　間（　）も　なく　はじまる。
- い　本と　本の　間（　）。

③
- あ　先生に　教（　）わる。
- い　時間を　教（　）える。

分からない　ときは、文の　いみから　考えよう！

4 かたちの　にて　いる　かん字に　気を　つけて、□に　正しい　かん字を　書きましょう。

20点（一つ5）

①
- あ　どうぶつ［　］（えん）
- い　外［　］（こく）の　人。

②
- あ　［　］（いま）は　夕方だ。
- い　自［　］（ぶん）で　する。

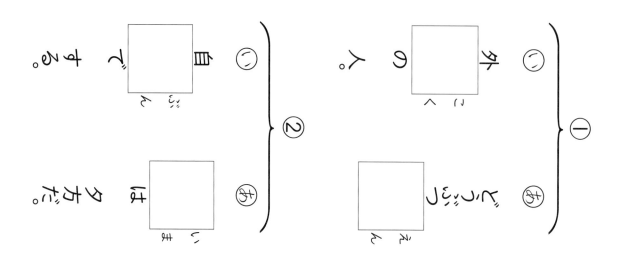

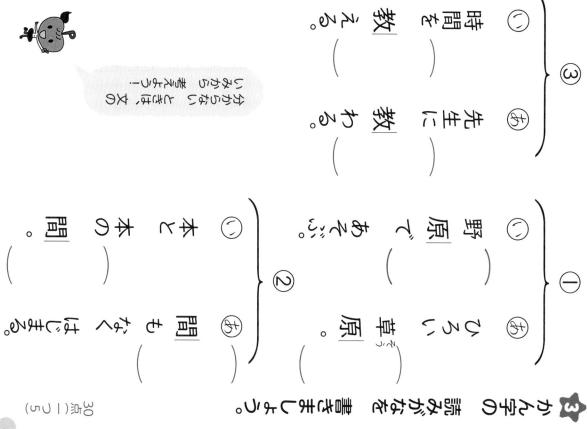

きほんのドリル 22

みんなで 話し合おう

時間 15ふん
ごうかく80点　／100
答え102ページ
サクッとこたえあわせ
月　日

書いて おぼえよう！

教112ページ
合 ゴウ ガッ カッ　あう あわす あわせる
（つける）
6画　合合合合合合
合計（ごうけい）　合体（がったい）　合せん（かっせん）　話し合う（はなしあう）
合（くち）

教114ページ
楽 ガク ラク　たのしい たのしむ
（とめる）
13画　楽楽楽楽楽楽楽楽楽楽楽楽楽
音楽（おんがく）　楽園（らくえん）　楽しい（たのしい）　話（はなし）
楽（き）

教115ページ
雪 セツ　ゆき
（つき出ない）
11画　雪雪雪雪雪雪雪雪雪雪雪
新雪（しんせつ）　雪原（せつげん）　雪かき（ゆきかき）　白雪（しらゆき）
雪（あめかんむり）

——の 読みは、この ページでは ならいません。

読んで おぼえよう！

●…読み方が あたらしい かん字　‖…おくりがな

教113ページ
大 ダイ タイ　おお おおきい おおいに

1 読みがなを 書きましょう。 30点（一つ6）

① 話を つたえ 合（　）う。
② 手を 合（　）わせる。
③ 楽（　）しい 時間。
④ 雪（　）が ふりだす。
⑤ 大学生（　）に なる。

ぜんぶ 読めたかな。

教科書 上 112〜115ページ

うらの ページに つづくよ！

❷ 当てはまる かん字を 書きましょう。

70点（一つ10）

① みんなで よく 話し □(あ) う。

② 手を □(あ) わせて 目を とじる。

③ □(たの) しい 時間を すごす。

④ 三人で おしゃべりを □(たの) しむ。

⑤ しずかに こな □(ゆき) が ふる。

⑥ □(ゆき) が とけて 水に なる。

⑦ □□(だいしょう) を たしかめる。

ヒント ❷
①②「合」まん中のよこぼうをわすれないようにしましょう。
⑦はんたいのいみのかん字を組みあわせています。

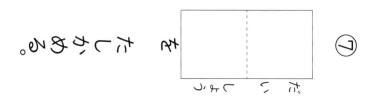

きほんのドリル 23

ニャーゴ (1)

時間 15ふん　ごうかく80点　/100

答え 102ページ　サクッと こたえあわせ

月　日

書いて おぼえよう！

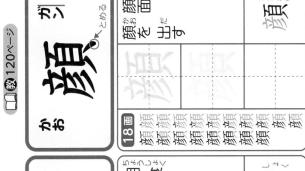

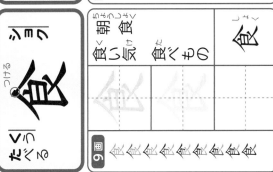

教 120ページ
顔　ガン　かお（とめる）
18画
顔面（がんめん）　顔（かお）を 出（だ）す
顔（おおがい）

教 120ページ
食　ショク　くう　たべる（つける）
9画
朝食（ちょうしょく）　食（く）い気（け）　食（た）べもの
食（しょく）

教 121ページ
歩　ホ　あるく　あゆむ（はらう）
8画
歩行（ほこう）　山道（やまみち）を 歩（ある）く　休（やす）まず 歩（あゆ）む
歩（とめる）

教 123ページ
走　ソウ　はしる（つき出す・はらう）
7画
走者（そうしゃ）　走行（そうこう）　車（くるま）が 走（はし）る
走（はしる）

――の 読みは、この ページでは ならいません。

読んで おぼえよう！

●…読み方が あたらしい かん字　●…とくべつな 読み方を する かん字　――…おくりがな

教 120ページ　**生**　セイ　ショウ　いきる・いかす・いける　うまれる・うむ・はえる　はやす・なま

教 122ページ　**少**　ショウ　すくない　すこし

教 123ページ　**今日**（きょう）

1 読みがなを 書きましょう。 30点（一つ6）

① 顔を あらう。（　　）

② ごはんを 食べる。（　　）

③ ゆっくり 歩く。（　　）

④ はやく 走る。（　　）

⑤ 今日の はじまり。（　　）

うらの ページに つづくよ！

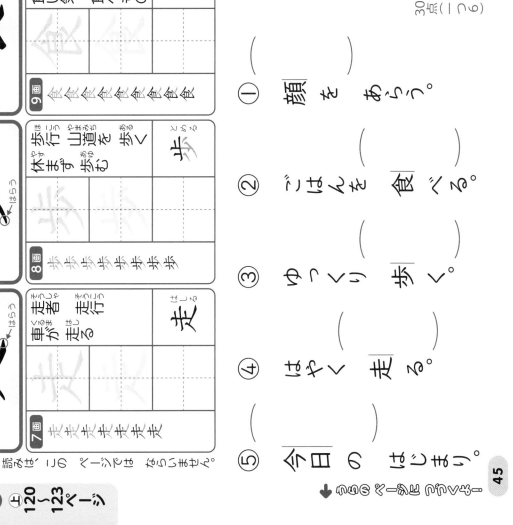

教科書 上 120～123ページ

❷ 当てはまる　かん字を　書きましょう。

70点（一つ10）

① □（かお）を　つめたい　水で　あらう。

② 何か　おいしい　ものが　□（た）べたい。

③ あさの　こう園を　□（ある）く。

④ でん車に　のるため　ひっしで　□（はし）る。

⑤ □□（きょう）の　ひるからの　よてい。

⑥ □□（いっしょう）の　思い出に　なる。

⑦ いつもより　□（すこ）し　早く　おきる。

ヒント ❷
⑤二つのかん字を組み合わせた、とくべつな読み方です。
⑦「すくない」と読み方がかわるので気をつけましょう。

きほんのドリル 24。 ニャーゴ (2)

時間 15ふん
ごうかく80点
/100
サクッと こたえ あわせ
答え 102ページ
月　日

書いて おぼえよう！

教124ページ
止 シ / とまる・とめる（出す）
4画　止止止止
中止（ちゅうし）　立ち止まる（たちどまる）
止（とめる）

教126ページ
弟 ダイ / おとうと（とめる）
7画　弟弟弟弟弟弟弟
兄弟（きょうだい）　弟と妹（おとうと　いもうと）
弟（ゆみ）

教126ページ
妹 いもうと（はらう）
8画　妹妹妹妹妹妹妹妹
小さい妹（ちいさい　いもうと）　妹と弟（いもうと　おとうと）
妹（おんなへん）

――の 読みは、この ページでは ならいません。

読んで おぼえよう！

●…読み方が あたらしい かん字　‖…おくりがな

教125ページ
食 ショク / く(う)・た(べる)

教126ページ
足 ソク / あし・た(りる)・た(る)・た(す)

1 読みがなを 書きましょう。 30点（一つ6）

① きゅうに 止まる。（　　）
② 弟と あそぶ。（　　）
③ 小さな 妹。（　　）
④ 何か 食いたい。（　　）
⑤ あと 三こ 足す。（　　）

「弟」の 書きじゅんに ちゅうい しましょう。

教科書 上124～126ページ

← うらの ページに つづくよ！

❷ 当てはまる かん字を 書きましょう。

70点（一つ10）

① ふと 足を □（と）めて ふりかえる。

② とけいの うごきが □（と）まる。

③ おさない □（おとうと）の めんどうを 見る。

④ □（いもうと）が ようち園に 行く。

⑤ のこって いた こめを □（く）う。

⑥ あと 一つ、□（た）りない ものが ある。

⑦ さとうを 少しだけ □（た）す。

ヒント ❷ ⑤「くう」も「たべる」も同じいみです。

かん字を つかおう 4 (1)

時間 15ふん　ごうかく80点　/100
答え 103ページ
サクッと こたえ あわせ
月　日

読んで おぼえよう！

●…読み方が あたらしい かん字　‖…おくりがな

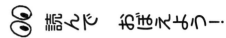

計（ケイ）はか‖る　はか‖らう（教131ページ）	天（テン）あま（教131ページ）
野（ヤ）の（教131ページ）	太（タイ）タ　ふと‖い　ふと‖る（教131ページ）
雨（ウ）あめ　あま（教131ページ）	

書いて おぼえよう！

漢字	読み	画数・書き順	ことば
万（教131ページ）	マン（はねる）	3画　万万万	一万円（いちまんえん）　万一（まんいち）　万（いち）
切（教131ページ）	セツ　き‖る　き‖れる（はねる）	4画　切切切切	大切（たいせつ）　切実（せつじつ）　紙（かみ）を　切（き）る　切（かたな）
才（教131ページ）	サイ（はねる）	3画　才才才	天才（てんさい）　才気（さいき）　才（て）
語（教131ページ）	ゴ　かた‖る　かた‖らう（長めに）	14画　語語語語語語語語語語語語語語	国語（こくご）　語学（ごがく）　語（かた）り合（あ）う　語（ごんべん）

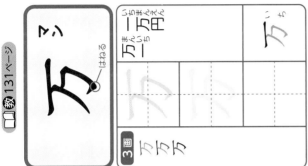

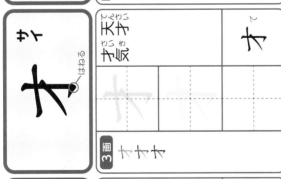

—の 読みは、この ページでは ならいません。

教科書 上 131ページ

1 読みがなを 書きましょう。 30点（一つ6）

① 一万円で かう。（　）

② 大切な たからもの。（　）

③ 数学の 天才。（　）

④ 外国語を ならう。（　）

⑤ たいおんを 計る。（　）

うらの ページに つづくよ！

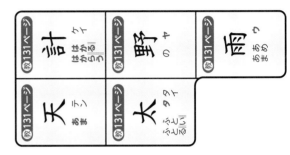

❷ 当てはまる　かん字を　書きましょう。

70点（一つ10）

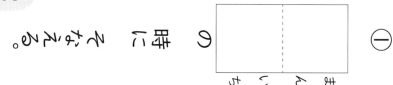

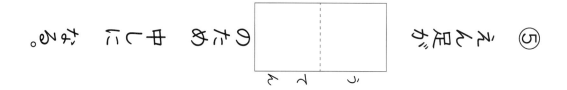

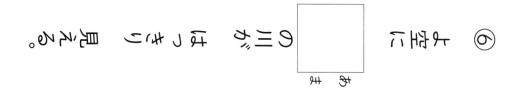

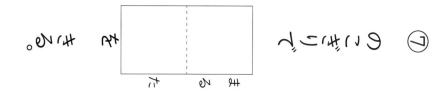

① [まんいち]の　時に　そなえる。

② [てんさい]と　よばれた　科学しゃ。

③ [ごがく]に　きょうみが　ある。

④ [やがい]活どうを　する。

⑤ えん足が　[うてん]のため　中しに　なる。

⑥ よ空に　[あま]の川が　はっきり　見える。

⑦ のこぎりで　[まるた]を　きる。

①「方」と　まちがえないでね。

ヒント ❷
①「まんいち」とは、めったにないが、おこるかもしれないことです。
⑤「うてん」とは、あめがふる天気のことです。

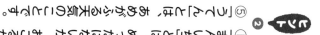

かん字を つかおう 4 (2)
絵を 見て お話を 書こう

時間 15ふん　ごうかく80点　/100
サクッとこたえあわせ
答え 103ページ

月　日

書いて おぼえよう！

台（教131ページ）ダイ・タイ　とめる
- 5画：台台台台台
- 土台（どだい）　台地（だいち）　台風（たいふう）
- 台（くち）

絵（教134ページ）カイ・エ　とめる
- 12画：絵絵絵絵絵絵絵絵絵絵絵絵
- 絵画（かいが）　絵を見る（え・み）
- 絵（いとへん）

広（教134ページ）コウ　ひろがる・ひろい　ひろまる　ひろめる　ひろげる　とめる
- 5画：広広広広広
- 広大（こうだい）　広い海（ひろ・うみ）
- 広（まだれ）

図（教136ページ）ズ・ト　とめる
- 7画：図図図図図図図
- 図を見る（ず・み）　図書室（としょしつ）
- 図（くにがまえ）

――の 読みは、この ページでは ならいません。

1 読みがなを 書きましょう。30点(一つ6)

① 長い すべり台。（　　）
② 絵を かく。（　　）
③ 話が 広がる。（　　）
④ 広い へや。（　　）
⑤ 図に かく。（　　）

「図」の 中は、さきに「ツ」を 書くと おぼえましょう。

② 当てはまる　かん字を　書きましょう。

70点（一つ10）

① 家の　□□（どだい）を　作る。

② □（だい）ふきんで　テーブルを　ふく。

③ クレヨンで　□（え）を　かく。

④ □（ひろ）い　へやを　そうじする。

⑤ 町中に　うわさが　□（ひろ）まる。

⑥ □□（ちず）を　見ながら　歩く。

⑦ □（ず）を　かいて　せつ明する。

ヒント　②④⑤「广」を「厂」にしないようにちゅういしましょう。

まとめのドリル 27

みんなで 話し合おう～ 絵を 見て お話を 書こう

時間 20ぷん　ごうかく80点　/100　答え103ページ　サクッと こたえ あわせ

月　日

1 かん字の 読みがなを 書きましょう。　50点（一つ5）

①今日は、一日中 絵を かいて いた。

②たてものの 土台が しっかりして いる。

③万一の ことが あれば たすけに 行こう。

④目の 前に 大きな うみが 広がる。

⑤分かりやすい 図に して せつ明する。

⑥少し 大切な 話を する。

⑦一生 けんめい、しごとを する。

⑧ゆっくり くつろぐには、時間が 足りない。

教科書 上112～136ページ

← うらの ページに つづくよ！

2 当てはまる かん字を 書きましょう。〔 〕には かん字と ひらがなを 書きましょう。

50点（一つ5）

① 〔はしる〕のに つかれて、〔あるく〕。

② あまい ものを 〔たべる〕のが、すきだ。

③ 〔たのしい〕話を 聞いた。

④ □□（ごがく）の べんきょうを する。

⑤ おさない □（おとうと）と □（いもうと）。

⑥ かたに つもった □（ゆき）を はらう。

⑦ おきたら まず、□（かお）を あらう。

⑧ となりの 人と、目が 〔あった〕。

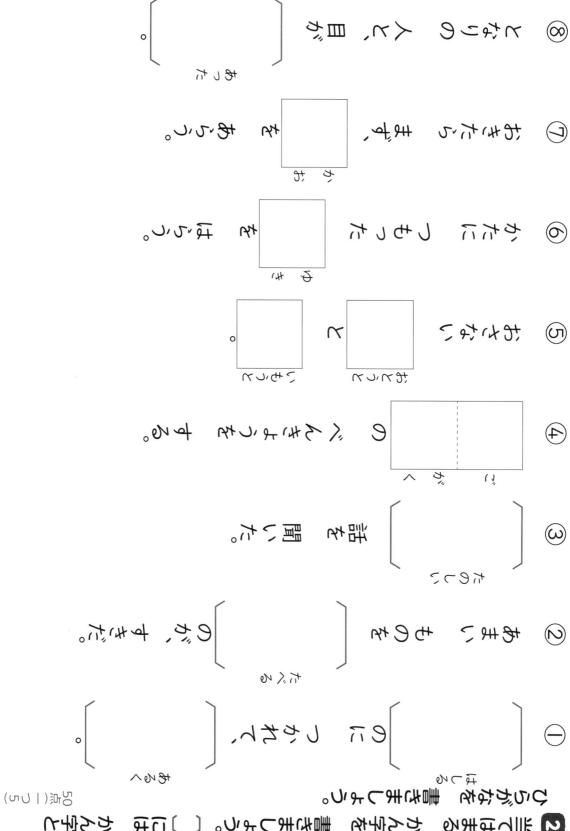

ビーバーの 大工事(じ) (1)

時間 15ふん
ごうかく80点
/100
答え 103ページ
月　日

書いて おぼえよう!

工 (教10ページ) コウ・ク　出さない
3画　工工工
図工(ずこう)　大工(だいく)　工作(こうさく)　工(たくみ)(え)

北 (教10ページ) ホク・きた　はねる
5画　北北北北北
東北(とうほく)　北風(きたかぜ)　北方(ほっぽう)　北国(きたぐに)　北(ひ)

近 (教11ページ) キン・ちかい　はらう
7画　近近近近近近近
近所(きんじょ)　近づく(ちかづく)　遠近(えんきん)　近(しんにょう・しんにゅう)

引 (教12ページ) イン・ひく・ひける　とめる
4画　引引引引
引用(いんよう)　線(せん)を引(ひ)く　引力(いんりょく)　引(ゆみへん)

——の 読みは、この ページでは ならいません。

読んで おぼえよう!

●…読み方が あたらしい かん字　||…おくりがな
●…とくべつな 読み方を する かん字

地 (教11ページ) チ・ジ	切 (教12ページ) セツ・きる・きれる
上 (教11ページ) ジョウ・うえ・かみ・あげる・あがる・のぼる・うわ	上手(じょうず) (教12ページ)

1 読みがなを 書きましょう。 44点(一つ11)

① 図工( )の 時間。

② 近( )い きょり。

③ ひもを 引( )きずる。

④ 上手( )に うたう。

← うらの ページに つづくよ!

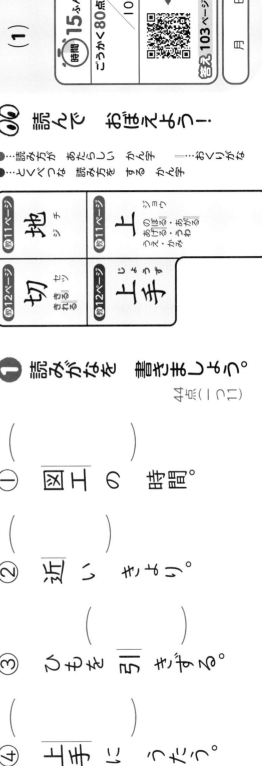

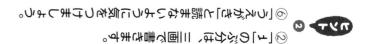

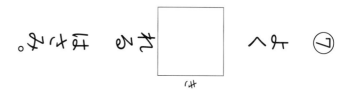

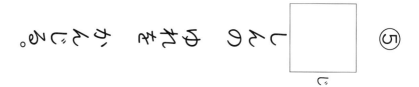

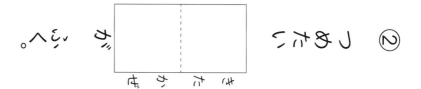

56点（一つ8）

❷ 当てはまる　かん字を　書きましょう。

① うでの　いい　［だい｜く］（だいく）さん。

② つめたい　［きた｜かぜ］（きたかぜ）が　ふく。

③ ［ちか］（ちか）くに　すんで　いる　友だち。

④ レバーを　つよく　［ひ］（ひ）く。

⑤ ［じ］（じ）しんの　ゆれを　かんじる。

⑥ ペンで　［うわ｜が］（うわが）きする。

⑦ よく　［き］（き）れる　はさみ。

ヒント ❷
②「ョ」のぶ分は、三画で書きます。
⑥「うえがき」と読まないように気をつけましょう。

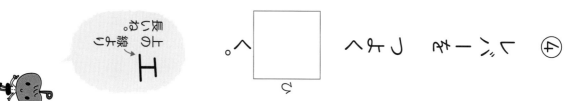

きほんのドリル 29

ビーバーの 大工事(じ) (2)

時間15分　ごうかく80点　/100　答え103ページ　サクッとこたえあわせ　月　日

書いて おぼえよう！

教12ページ
後　ゴ　コウ　のち　うしろ　あと　（はらう）
9画　後後後後後後後後後
午後(ごご)　後半(こうはん)　その後(あと)(のち)　後ろ足(うしろあし)　ぎょうにんべん

教12ページ
形　ケイ　ギョウ　かた　かたち　（下を長く）
7画　形形形形形形形
図形(ずけい)　人形(にんぎょう)　形見(かたみ)　花の形(かたち)　さんづくり

教16ページ
内　ナイ　うち　（つき出る）
4画　内内内内
車内(しゃない)　内外(ないがい)　内がわ(うちがわ)　いる

――の 読みは、この ページでは ならいません。

「形」の 右がわは、まっすぐでは なく、ななめだよ。

読んで おぼえよう！

●…読み方が あたらしい かん字　＝…おくりがな

教14ページ　**家**　カ　ケ　いえ　や
教15ページ　**夜**　ヤ　よ　よる
教15ページ　**分**　ブン　フン　ブ　わける・わかれる・わかる・わかつ

1 読みがなを 書きましょう。　30点(一つ6)

① 後ろを 見る。（　）
② 形の にた 字。（　）
③ 体の 内がわ。（　）
④ 五分 かかる。（　）
⑤ きれいな 夜空。（　）

← うらの ページに つづくよ！

教科書 下 12〜16ページ

❷ 当てはまる　かん字を　書きましょう。

70点（一つ10）

① 何かいも［　　］（うし）ろを　ふりかえる。

② めずらしい［　　］（かたち）の　たてもの。

③ へやの［　　］（うち）がわからは　聞こえない。

④ ［　　｜　　］（こっか）を　だいひょうする　せん手。

⑤ まんが［　　］（か）に　なるのが　ゆめだ。

⑥ ［　　｜　　｜　　］（ごふんかん）目を　とじる。

⑦ ［　　］（よ）あけの　時間が　近づく。

ヒント ❷
③「うちがわ」のはんたいは「そとがわ」です。
⑤「何かをせんもんにする人」のいみがあります。

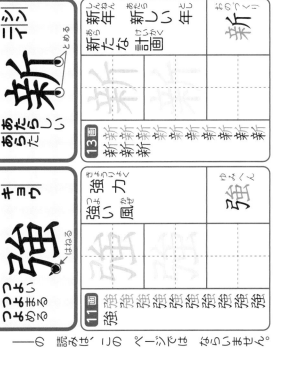

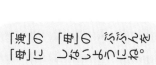

きほんのドリル 30。「どうぶつカード」を作ろう

時間 15分　ごうかく80点　/100サクッと こたえ あわせ答え 103ページ　月　日

書いて おぼえよう！

教 25ページ
海 カイ　うみ　（はねる・とめる）
9画　海海海海海海海海海
海水（かいすい）　広い海（ひろいうみ）
海（さんずい）

教 27ページ
新 シン　ニイ　あたらしい　あらた　（とめる）
13画　新新新新新新新新新新新新新
新年（しんねん）　新しい年（あたらしいとし）　新たな計画（あらたなけいかく）
新（おのづくり）

教 27ページ
強 キョウ　つよい　つよまる　つよめる　（はねる）
11画　強強強強強強強強強強強
強力（きょうりょく）　強い風（つよいかぜ）
強（ゆみへん）

——の 読みは、この ページでは ならいません。

「海」の 「毋」の ぶぶんを 「母」に しないようにね。

読んで おぼえよう！

●…読み方が 新しい かん字

教 27ページ
図 ト　ズ

1 読みがなを 書きましょう。 30点（一つ6）

① 海 まで 歩く。（　　）
② 海水 を なめる。（　　）
③ 新しい 家。（　　）
④ 強い 力で おす。（　　）
⑤ 図書 かんに 行く。（　　）

← うらの ページに つづくよ！

❷ 当てはまる　かん字を　書きましょう。

70点（一つ10）

① □（うみ）ぞいの　小さな　町に　生まれる。

② □□（うみかぜ）が　ふいて　くる。

③ 八月に　□□（かいすい）よくを　楽しむ。

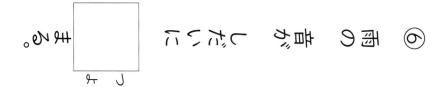

④ □（あたら）しい　かばんに　入れる。

⑤ うでを　□（つよ）い　力で　引っぱられる。

⑥ 雨の　音が　しだいに　□（つよ）まる。

⑦ すいせん　□□（としょ）を　読む。

ヒント ❷
①②③水にかんけいがあるので「氵（さんずい）」がつきます。
⑦「としょ」とは本のことです。

きほんのドリル 31。

主語（しゅご）と じゅつ語

時間 15分
ごうかく80点 ／100
サクッとこたえあわせ
答え 103ページ
月　日

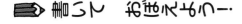

書いて おぼえよう！

教 30ページ
鳴 メイ／なく・なる・ならす
むきに ちゅうい
14画 鳴鳴鳴鳴鳴鳴鳴鳴鳴鳴鳴鳴鳴鳴
悲鳴（ひめい）　鳥（とり）が 鳴（な）く
鳴（とり）

教 30ページ
雲 ウン／くも
ながく
12画 雲雲雲雲雲雲雲雲雲雲雲雲
雲海（うんかい）　白（しろ）い 雲（くも）
雲（あめかんむり）

教 30ページ
晴 セイ／はれる・はらす
はねる
12画 晴晴晴晴晴晴晴晴晴晴晴晴
晴天（せいてん）　空（そら）が 晴（は）れる
晴（ひへん）

教 30ページ
船 セン／ふね・ふな
右上に はらう
11画 船船船船船船船船船船船
船長（せんちょう）　船（ふね）に 乗（の）る　船旅（ふなたび）
船（ふねへん）

──の 読みは、この ページでは ならいません。

1 読みがなを 書きましょう。　30点（一つ6）

① ねこが 鳴（　　）く。

② かねを 鳴（　　）らす。

③ 雲（　　）に おおわれる。

④ よく 晴（　　）れた 空。

⑤ 大きな 船（　　）に のる。

「晴」は、お「日」さまが 出て「青」空だ、と おぼえましょう。

← うらの ページに つづくよ！

❷ 当てはまる かん字を 書きましょう。

70点（一つ10）

① 木の 上で 小とりが □（な）く。

② おてらの かねを □（な）らす。

③ 空の いわし □（ぐも）を ながめる。

④ よく □（は）れた 日よう日。

⑤ 自分で うたがいを □（は）らす。

⑥ 大きな □（ふね）で たびを する。

⑦ つり □（ぶね）に のる。

ヒント ❷ ⑥⑦左がわの「舟」も、「ふね」といういみのかん字です。

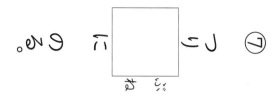

きほんのドリル 32

町で 見つけた ことを 話そう (1)

時間 15分
ごうかく80点 /100
サクッと こたえ あわせ
答え 103ページ
月 日

書いて おぼえよう!

教35ページ **週** シュウ (はらう)
11画 週週週週週週週週週週週
一週間（いっしゅうかん） 来週（らいしゅう）
週（しんにょう・しんにゅう）

教35ページ **朝** あさ チョウ (はねる)
12画 朝朝朝朝朝朝朝朝朝朝朝朝
朝食（ちょうしょく） 朝日（あさひ）
朝（つき）

教33ページ **冬** ふゆ トウ (むきに ちゅうい)
5画 冬冬冬冬冬
立冬（りっとう） 冬休み（ふゆやすみ）
冬（にすい）

教33ページ **店** みせ テン (はらう)
8画 店店店店店店店店
書店（しょてん） 店頭（てんとう） 店先（みせさき）
店（まだれ）

——の 読みは、この ページでは ならいません。

読んで おぼえよう!

●…読み方が 新しい かん字　||…おくりがな

教33ページ **長** チョウ なが||い

1 読みがなを 書きましょう。 30点(一つ6)

① 小さな くだもの 店。( )
② 冬山に のぼる。( )
③ 朝が 来る。( )
④ 来週まで まつ。( )
⑤ やさしい 校長。( )

← うらの ページに つづくよ!

❷ 当てはまる　かん字を　書きましょう。

70点（一つ10）

① □（てん）とうに　立って　しょうひんを　うる。

② ケーキ□（てん）で　かいものを　する。

③ □□（ふゆぞら）を　風が　ふく。

④ 明るい□□（あさひ）を　あびる。

⑤ 気分の　いい□（あさ）を　むかえる。

⑥ □□（らいしゅう）は　しあいが　ある。

⑦ □□（しゃちょう）に　あいさつを　する。

「あさ」は、「十日十月」と　おぼえよう。

ヒント ❷
③上は「又」ではなく「夂」です。
⑥「⻌」の形に気をつけて書きましょう。

きほんのドリル 33

町で 見つけた ことを 話そう（2）
かたかなを つかおう 1

時間 15分　ごうかく 80点　／100
答え 103ページ
サクッと こたえ あわせ
月　日

書いて おぼえよう！

教 35ページ
市（シ／いち）はねる
5画　市市市市市
市長（しちょう）　市内（しない）　市場（いちば）
市（はば）

教 39ページ
茶（チャ）とめる
9画　茶茶茶茶茶茶茶茶茶
茶色（ちゃいろ）　番茶（ばんちゃ）
茶（くさかんむり）

教 39ページ
春（シュン／はる）はらう
9画　春春春春春春春春春
新春（しんしゅん）　春めく（はるめく）
春（ひ）

教 39ページ
角（カク／かど・つの）はねる
7画　角角角角角角角
三角形（さんかくけい）　まがり角（かど）　牛（うし）の角（つの）
角（かく・つの）

——の 読みは、この ページでは ならいません。

読んで おぼえよう！

●…読み方が 新しい かん字

教 36ページ　店（テン／みせ）
教 39ページ　形（ケイ・ギョウ／かた・かたち）

1 読みがなを 書きましょう。　30点（一つ6）

① 日ように 市が 立つ。（　　）
② むぎ茶を のむ。（　　）
③ 春の えん足。（　　）
④ 三角形を かく。（　　）
⑤ 小さな 店。（　　）

← うらの ページに つづくよ！

2 当てはまる　かん字を　書きましょう。

70点（一つ10）

① □□（いちば）で　さかなを　かう。

② □□（ちゃいろ）の　ふくを　きる。

③ 今から　□□（はるやす）みが　楽しみだ。

④ きゅうりを　□（かく）切りに　する。

⑤ □□□（しかくけい）を　かく。

⑥ □（みせ）で　赤い　くつを　見る。

⑦ □□（えんけい）の　たてものを　見学する。

ヒント 2
④⑤「かく」の中のたてぼうは下につき出さないように書きます。
⑥上の点をわすれないようにちゅういしましょう。

まとめのドリル 34 ビーバーの 大工事〜 かたかなを つかおう 1

時間 20分　ごうかく80点　/100

サクッとこたえあわせ　答え 103ページ

月　日

1 かん字の 読みがなを 書きましょう。　50点(一つ5)

① だんだん 雨が 強まる。

② 雲の 間から、晴れ間が のぞく。

③ 店で トマトと きゅうりを かう。

④ おとうさんと 海水よくに 行く。

⑤ 春に、わたりどりが 北へと わたる。

⑥ 形の よい すいかを 買う。

⑦ 朝早く、しゅっぱつする。

⑧ 茶色の リボンで かみを むすぶ。

うらのページに つづくよ！

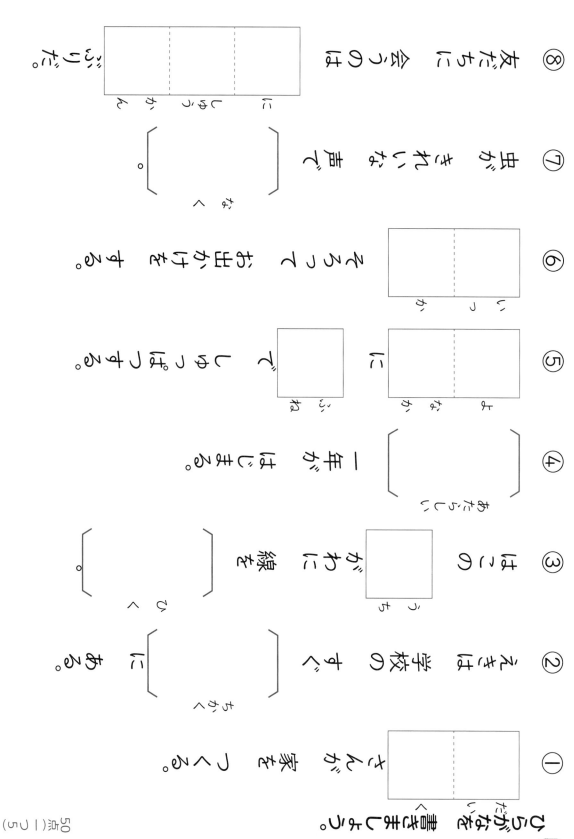

2 当てはまる　かん字を　書きましょう。〔　〕には　かん字と　ひらがなを　書きましょう。

50点（一つ5）

① □□（だいく）さんが　家を　つくる。

② えきは　学校の　すぐ〔　　〕（ちかく）に　ある。

③ はこの　□（うち）がわに　線を〔　　〕（ひく）。

④ 〔　　〕（あたらしい）一年が　はじまる。

⑤ □□（よなか）に　□（ふね）で　しゅっぱつする。

⑥ □□（いっか）そろって　お出かけを　する。

⑦ 虫が　きれいな　声で〔　　〕（なく）。

⑧ 友だちに　会うのは　□□□（にしゅうかん）ぶりだ。

きほんのドリル 35

なかまに なる ことば (1)

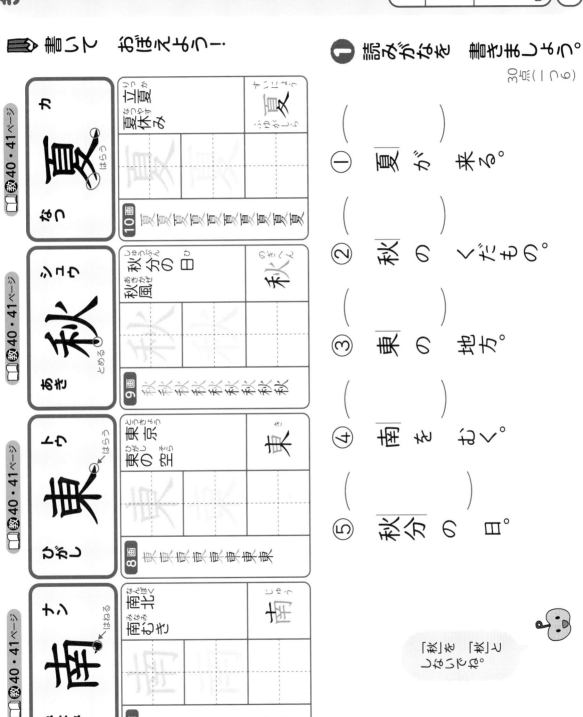

時間 15分
ごうかく80点 /100
サクッとこたえあわせ
答え 103ページ
月 日

書いて おぼえよう！

教 40・41ページ
夏 なつ カ （はらう）
10画 夏夏夏夏夏夏夏夏夏夏
立夏（りっか） 夏休み（なつやすみ）
夏（すいにょう ふゆがしら）

教 40・41ページ
秋 あき シュウ （とめる）
9画 秋秋秋秋秋秋秋秋秋
秋分の日（しゅうぶんのひ） 秋風（あきかぜ）
秋（のぎへん）

教 40・41ページ
東 ひがし トウ （はらう）
8画 東東東東東東東東
東京（とうきょう） 東の空（ひがしのそら）
東（き）

教 40・41ページ
南 みなみ ナン （はねる）
9画 南南南南南南南南南
南北（なんぼく） 南むき（みなみむき）
南（じゅう）

1 読みがなを 書きましょう。 30点（一つ6）

① 夏（　）が 来る。

② 秋（　）の くだもの。

③ 東（　）の 地方。

④ 南（　）を むく。

⑤ 秋分（　）の 日。

「秋」を 「秌」と しないでね。

教科書 下40～41ページ

← うらの ページに つづくよ！

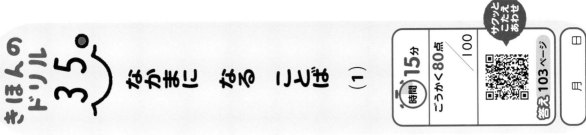

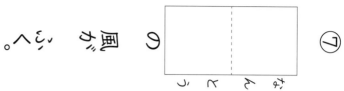

❷ 当てはまる　かん字を　書きましょう。

70点（一つ10）

① □□（なつやす）みの　思い出。

② りっ□（か）の　日は　五月の　はじめだ。

③ すずしい　□□（あきかぜ）。

④ □□（しゅうぶん）の　日は　お休みだ。

⑤ □（ひがし）の　地方の　食べもの。

⑥ 春に　□（みなみ）の　しまに　行く。

⑦ □□（なんとう）の　風が　ふく。

ヒント ❷ ④この日から、昼の方がみじかくなるという日です。

きほんのドリル 36.

なかまに なる ことば (2)

時間 15分 ごうかく80点 ／100
サクッとこたえあわせ 答え103ページ
月　日

書いて おぼえよう！

教 40・41ページ
西 にし／セイ・サイ（出さない）
6画 西西西西西西
西部（せいぶ）　西国（さいごく）　西日（にしび）
西（にし）

教 40ページ
父 ちち／フ（あける）
4画 父父父父
父母（ふぼ）　父親（ちちおや）
父（ちち）

教 40ページ
母 はは／ボ（つき出して はねる）
5画 母母母母母
母校（ぼこう）　母親（ははおや）
母（なかれ）

教 40・41ページ
兄 あに／キョウ（はねる）
5画 兄兄兄兄兄
兄弟（きょうだい）　兄と弟（あにとおとうと）
兄（ひとあし　にんにょう）

―の 読みは、この ページでは ならいません。

教科書 下40〜41ページ

1 読みがなを 書きましょう。 30点（一つ6）

① 西（　　）に むかう。

② 東西（　　）の くに。

③ 父（　　）に 話す。

④ 母（　　）と 出かける。

⑤ 兄（　　）は 中学生だ。

気をつけよう。
○ 兄　× 只

← うらの ページに つづくよ！

❷ 当てはまる　かん字を　書きましょう。

70点（一つ10）

①［にし・び］が　まぶしい　へや。

② たいようが［にし］に　しずむ。

③ かん［さい］の　ことばを　話す。

④［とう・ざい］の　ちがいを　くらべる。

⑤ 休日に［ちち・おや］と　出かける。

⑥［はは・おや］に　おくりものを　する。

⑦［きょう］だいで　けんかを　する。

ヒント ❷
①～④「西」と書かないようにしましょう。
⑥「母」のつらぬくよこぼうはさいごに書きます。

きほんのドリル 37

なかまに なる ことば (3)
「ありがとう」を つたえよう

時間 15分　ごうかく80点　/100

サクッと こたえ あわせ　答え 103ページ

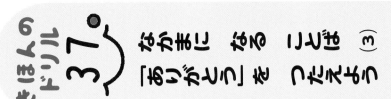

月　日

書いて おぼえよう！

姉（あね）　教40ページ
8画　姉姉姉姉姉姉姉姉
姉と 兄（あね・あに）　上の 姉（うえ・あね）
おんなへん　とめる

昼（ひる・チュウ）　教41ページ
9画　昼昼昼昼昼昼昼昼昼
昼食（ちゅうしょく）　昼休み（ひるやすみ）
ひ　長く

紙（かみ・シ）　教42ページ
10画　紙紙紙紙紙紙紙紙紙紙
白紙（はくし）　紙に 書く（かみ・か）
いとへん　はねる

室（シツ）　教43ページ
9画　室室室室室室室室室
教室（きょうしつ）　室内（しつない）　室温（しつおん）
うかんむり　とめる

――の 読みは、この ページでは ならいません。

読んで おぼえよう！

●…読み方が 新しい かん字　＝…おくりがな
●…とくべつな 読み方を する かん字

教41ページ 教 キョウ おしえる おそわる	教41ページ 北 ホク きた	教41ページ 弟 ダイ おとうと	教41ページ 母さん かあさん
教41ページ 楽 ガク ラク たのしい たのしむ	教41ページ 春 シュン はる	教41ページ 兄さん にいさん	教41ページ 父さん とうさん
教41ページ 体 タイ からだ	教41ページ 冬 トウ ふゆ	教41ページ 姉さん ねえさん	

1 読みがなを 書きましょう。 30点(一つ10)

① 姉と 妹。（　）

② 手紙が とどく。（　）

③ 春夏秋冬。（　）

← うらの ページに つづくよ！

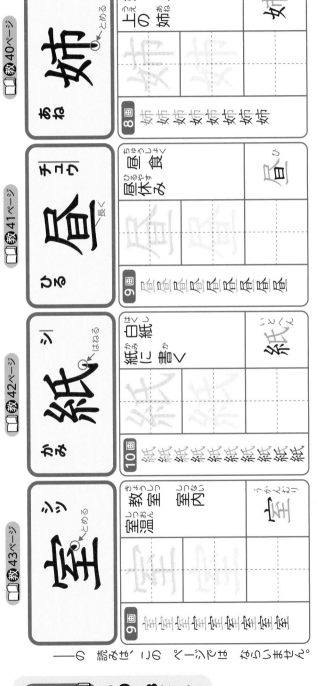

教科書 下40～43ページ

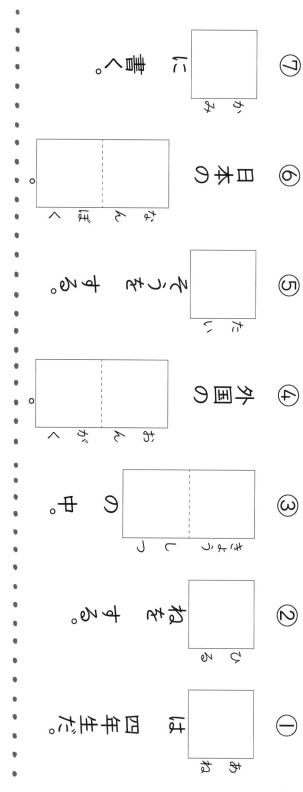

❷ 当てはまる　かん字を　書きましょう。

70点（一つ7）

①［あね］は　四年生だ。

②［ひる］ねを　する。

③［きょうしつ］の　中。

④外国の［おんがく］。

⑤［たい］そうを　する。

⑥日本の［なんぼく］。

⑦［かみ］に　書く。

⑧［きょうだい］で　あそぶ。

⑨［かあ］さんと　歩く。

⑩［とう］さんと　話す。

ヒント ❷ ①⑧⑨⑩家ぞくにかんけいのあるかん字をおぼえましょう。

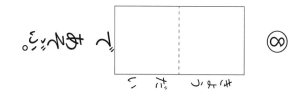

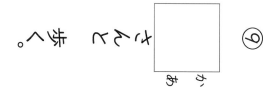

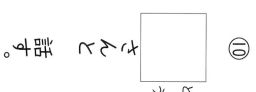

きほんのドリル 38。 かさこじぞう (1)

時間15分　ごうかく80点　/100　答え104ページ　サクッとこたえあわせ

月　日

書いて おぼえよう！

売（教49ページ）　バイ／うる・うれる　7画　（はねる）
売店（ばいてん）　売り上げ（うりあげ）　売（さむらい）

買（教49ページ）　バイ／かう　12画　（とめる）
売買（ばいばい）　本を買う（ほんをかう）　買（こがい／かい）

道（教52ページ）　ドウ／みち　12画　（ひとふでで書く）
水道（すいどう）　道を歩く（みちをあるく）　道（しんにょう／しんにゅう）

米（教56ページ）　ベイ・マイ／こめ　6画　（はらう）
米作（べいさく）　白米（はくまい）　米つぶ（こめつぶ）　米（こめ）

——の 読みは、この ページでは ならいません。

読んで おぼえよう！

●…読み方が 新しい かん字　‖…おくりがな

教48ページ	年	ねん／とし
教52ページ	外	ガイ／そと・ほか・はずす・はずれる
教54ページ	心	シン／こころ

1 読みがなを 書きましょう。 30点（一つ6）

① 花たばを 売る。（　）

② 本を 買う。（　）

③ まっすぐな 道。（　）

④ 米作りを する。（　）

⑤ 町の 外れ。（　）

← うらの ページに つづくよ！

❷ 当てはまる かん字を 書きましょう。

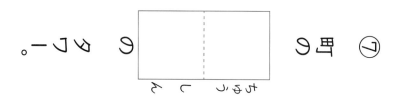

70点（一つ10）

① たまごを □(う)る 店。

② ジュースを 二本 □(か)う。

③ 広い □(みち)の まん中を 歩く。

④ □(こめ)を ていねいに とぐ。

⑤ □(とし)の はじめの あいさつ。

⑥ コートの ボタンが □(はず)れる。

⑦ 町の □□(ちゅうしん)の タワー。

ヒント ❷ ②上のぶぶんは、「四」ではなく、「罒」です。

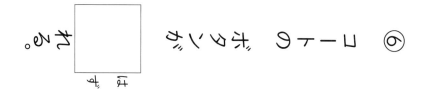

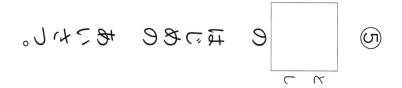

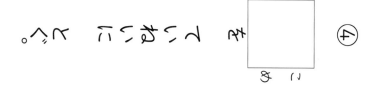

きほんのドリル 39。

かさこじぞう (2)
かん字を つかおう 5 (1)

時間 15分　ごうかく80点　/100

答え 104ページ

月　日

書いて おぼえよう！

教 58ページ
歌 カ　うた　うたう（はねる）
14画
歌手（かしゅ）　歌声（うたごえ）　校歌（こうか）を 歌（うた）う
歌（あくび・かける）

教 58ページ
戸 コ　と（はらう）
4画
戸外（こがい）　戸（と）じまり
戸（と）

教 63ページ
曜 ヨウ（わすれない）
18画
曜日（ようび）　月曜日（げつようび）
曜（ひへん）

教 63ページ
午 ゴ（出さない）
4画
午前（ごぜん）　正午（しょうご）
午（じゅう）

――の 読みは、この ページでは ならいません。

読んで おぼえよう！

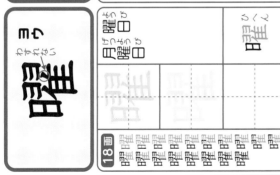

●…読み方が 新しい かん字　‖…おくりがな

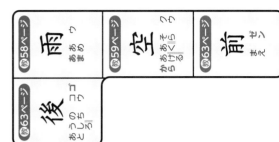

教58ページ	教59ページ	教63ページ	教63ページ
雨 ウ　あめ　●あま	空 クウ　そら　あ‖く　あ‖ける　●から	前 ゼン　まえ	後 ゴ　コウ　のち　うし‖ろ　あと

1 読みがなを 書きましょう。
30点（一つ6）

① みんなで 歌う。（　　）

② 雨戸を しめる。（　　）

③ 土曜日の 夜。（　　）

④ 午後の 時間。（　　）

⑤ 大きな 雨雲。（　　）

← うらの ページに つづくよ！

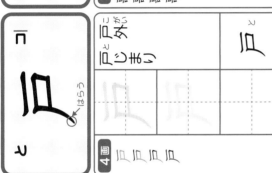

教科書 下58～63ページ

❷ 当てはまる　かん字を　書きましょう。

70点（一つ10）

① きれいな［うたごえ］が　聞こえる。

② 家の［と］じまりを　する。

③ 一週間の［ようび］。

④［ごご］三時の　おやつは　ホットケーキだ。

⑤ くろい［あまぐも］が　立ちこめる。

⑥ はこの　中は［から］っぽだ。

⑦ 話の［ぜんご］が　入れかわる。

ヒント ❷
①「歌」の左がわは、上の「可」と下の「可」の形がちがいます。
④「午」は、上をつき出さないように気をつけましょう。

かん字を つかおう 5 (2)

時間 15分　ごうかく80点　／100

答え 104ページ

月　日

書いて おぼえよう！

教63ページ
谷　たに　はらう
7画　谷谷谷谷谷谷谷
谷川（たにがわ）　谷間（たにま）　谷（たに）

教63ページ
岩　ガン　いわ　出さない
8画　岩岩岩岩岩岩岩岩
岩石（がんせき）　岩場（いわば）　岩（やま）

教63ページ
池　チ　いけ　右上にはねる
6画　池池池池池池
電池（でんち）　池（いけ）の水（みず）　池（さんずい）

――の 読みは、この ページでは ならいません。

「谷」は 書きじゅんに 気を つけようね。

読んで おぼえよう！

●…読み方が 新しい かん字

教63ページ
石　セキ　シャク　いし

1 読みがなを 書きましょう。 30点（一つ6）

① 谷の そこ。（　　）
② 岩を けずる。（　　）
③ 大きな 岩石。（　　）
④ 池の さかな。（　　）
⑤ 小さな ため池。（　　）

うらの ページに つづくよ！

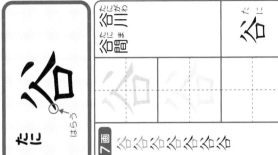

❷ 当てはまる　かん字を　書きましょう。

70点（一つ10）

① 小さな［　　］（たにがわ）に　かかる　はし。

② ビルの［　　］（たにま）を　歩く。

③ 大きな［　］（いわ）を　もち上げる。

④ ［　　］（いわやま）を　よじのぼる。

⑤ 小さな［　］（いけ）の　ある　こう園。

⑥ ため［　］（いけ）の　水が　ふえる。

⑦ かたい［　　］（がんせき）を　けずる。

ヒント ❷ ⑤⑥水にかんけいがあるので「氵（さんずい）」がつきます。

きほんのドリル

41. かん字を つかおう 6

時間 15分　ごうかく80点　/100　答え104ページ　サクッとこたえあわせ

月　日

書いて おぼえよう！

教70ページ　**鳥**　チョウ　とり　（はねる）
11画
白鳥（はくちょう）　小鳥（ことり）　鳥（とり）

教70ページ　**馬**　バ　うま　ま　（はねる）
10画
馬車（ばしゃ）　子馬（こうま）　馬（うま）

教70ページ　**首**　シュ　くび　（ななめに）
9画
首長（しゅちょう）　首相（しゅしょう）　首かざり（くびかざり）　首（くび）

教70ページ　**番**　バン　（はらう）
12画
当番（とうばん）　出番（でばん）　番号（ばんごう）　番（ばん）

——の 読みは、この ページでは ならいません。

読んで おぼえよう！

●…読み方が 新しい かん字　‖…おくりがな

教70ページ　画　ガ　カク

教70ページ　作　サク　サ　つく‖る

1 読みがなを 書きましょう。　30点（一つ6）

① 鳥の さえずり。（　　）

② 白い 馬。（　　）

③ 首かざりを つける。（　　）

④ じゅん番に つかう。（　　）

⑤ 図画工作の 時間。（　　）

← うらの ページに つづくよ！

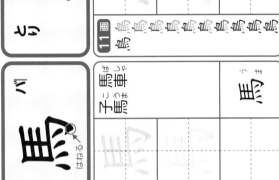

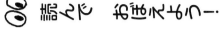

教科書 下70ページ

❷ 当てはまる　かん字を　書きましょう。

70点（一つ10）

① □（とり）が　力強く　はばたく。

② 白い　□（うま）が　草原を　かけぬける。

③ □□（たけうま）に　のって　あそぶ。

④ □□（てくび）に　とけいを　つける。

⑤ 今日は　そうじの　□□（とうばん）だ。

⑥ もうすぐ　□□（でばん）が　来る。

⑦ □□□□（ずがこうさく）を　楽しむ。

ヒント ❷ ②③書きじゅんにちゅういしましょう。

九月から十二月にならった かん字と ことば

時間15分　ごうかく80点　／100

答え104ページ　サクッとこたえあわせ

月　日

1 かん字の 読みがなを 書きましょう。 25点（一つ5）

① 日曜（　）日に 手紙（　）を 書く。

② うでを 前後（　）に うごかす。

③ くろい 雨雲（　）が 見える。

④ 自分の 家の 番地（　）。

2 当てはまる かん字を 書きましょう。〔　〕には かん字と ひらがなを 書きましょう。 25点（一つ5）

① 本を 三さつ〔かう〕。

② 大きな 声で〔うたう〕。

③ □□（しょうご）に □□（きょうしつ）に 行く。

④ □□□□（ずがこうさく）の しゅくだい。

うらの ページに つづくよ！

3 なかまの　ことばと　かん字を　あつめて　います。□に当てはまる　かん字を　書きましょう。

20点（一つ5）

① きせつ

春 ― 夏 ― □ ― □

② 時

朝 ― □ ― 夜

③ 方角

東 ― □ ― 南 ― 北

4 やじるしの　ぶ分は　何画目に　書きますか。数字を　かん字で　書きましょう。

30点（一つ10）

① 母（　　）画目

② 米（　　）画目

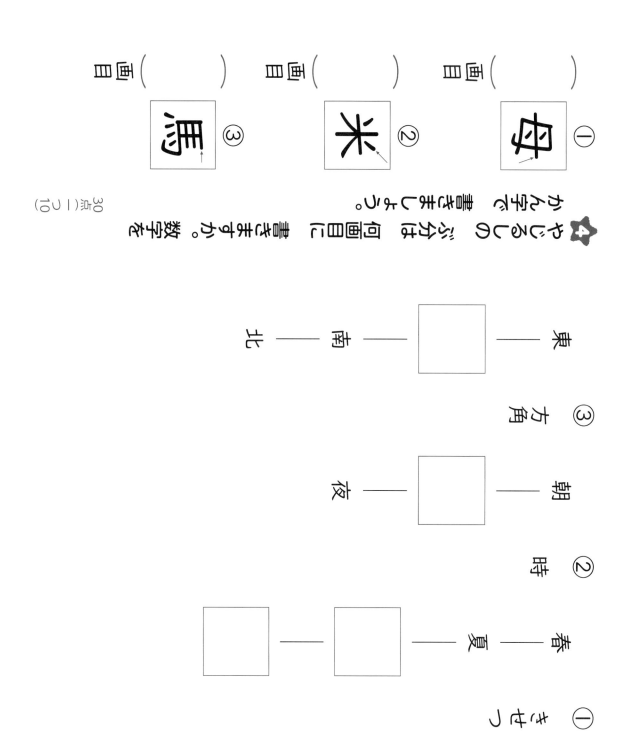

③ 馬（　　）画目

きほんのドリル 43

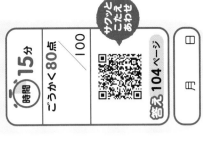

むかしから つたわる 言い方 かん字の 読み方と おくりがな あなの やくわり

時間 15分　ごうかく80点　/100

サクッとこたえあわせ　答え104ページ

月　日

書いて おぼえよう！

魚（教79ページ）
ギョ／うお・さかな
むきにちゅうい
11画
金魚（きんぎょ）　魚市場（うおいちば）　魚つり（さかなつり）
魚（うお）

電（教79ページ）
デン
はねる
13画
電気（でんき）　電力（でんりょく）
電（あめかんむり）

細（教79ページ）
サイ／ほそい・ほそる・こまか・こまかい
とめる
11画
細工（さいく）　細い（ほそい）糸（いと）　細かい（こまかい）雪（ゆき）
細（いとへん）

通（教86ページ）
ツウ／とおる・とおす・かよう
ひとふでで書く
10画
通学（つうがく）　学校（がっこう）に 通う（かよう）　車（くるま）が 通る（とおる）
通（しんにょう・しんにゅう）

―の 読みは、この ページでは ならいません。

読んで おぼえよう！

●…読み方が 新しい かん字　＝…おくりがな

回（教75ページ） カイ／まわる・まわす	下（教78ページ） カ・ゲ／おりる・おろす・くだす・くだる・くださる・さがる・さげる・した・しも		
後（教78ページ） ゴ・コウ／のち・うしろ・あと	外（教79ページ） ガイ／そと・ほか・はずす・はずれる		
明（教79ページ） メイ・ミョウ／あかり・あかるい・あかるむ・あからむ・あきらか・あける・あく・あくる・あかす		田（教79ページ） デン／た	
国（教79ページ） こく／くに	角（教79ページ） カク／かど・つの	先（教84ページ） セン／さき	

1 読みがなを 書きましょう。 30点（一つ10）

①（　　）
魚を つる。

②（　　）
細かい つぶ。

③（　　）
月の 明かり。

← うらの ページに つづくよ！

❷ 当てはまる　かん字を　書きましょう。

70点（一つ7）

① □□（きんぎょ）を　買う。

② □□（でんき）ストーブ。

③ □（ほそ）く　目を　あける。

④ 工場の　前を　□（とお）る。

⑤ □□（なんかい）も　ふりかえる。

⑥ 川を　ボートで　□（くだ）る。

⑦ □□（あとまわ）しに　する。

⑧ まどの　□（そと）がわ。

⑨ まがり　□（かど）で　立ち止まる。

⑩ □（さき）に　家を　出る。

はねや　はらいに
ちゅういしよう。

ヒント ❷ ②いな光をあらわし、空にかんけいがあるので「雨」がつきます。

きほんのドリル 44。 かん字を つかおう 7 (1)

時間 15分　ごうかく80点　/100
答え 104ページ　サクッとこたえあわせ
月　日

書いて おぼえよう！

汽（キ）　教91ページ
はねる
汽車（きしゃ）　汽船（きせん）
さんずい
7画　汽汽汽汽汽汽汽

刀（トウ・かたな）　教91ページ
出ない
名刀（めいとう）　刀（かたな）で切（き）る
かたな
2画　刀刀

弓（ゆみ）　教91ページ
はねる
弓（ゆみ）を引（ひ）く　弓（ゆみ）なり
ゆみ
3画　弓弓弓

矢（や）　教91ページ
出ない
弓矢（ゆみや）　矢（や）じり　矢（や）おもて
や
5画　矢矢矢矢矢

読んで おぼえよう！

●…読み方が 新しい かん字

教91ページ　木（モク・ボク・こ・き）

1 読みがなを 書きましょう。 30点（一つ6）

① むかしの 汽車。（　　）
② 小刀を つかう。（　　）
③ 弓を 引く。（　　）
④ 矢を はなつ。（　　）
⑤ 木刀を もつ。（　　）

← うらの ページに つづくよ！

❷ 当てはまる　かん字を　書きましょう。

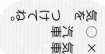

70点（一つ10）

×　気車
○　汽車
気を　つけてね。

①［きしゃ］が　走る。

②［こがたな］で　竹を　けずる。

③むかしの［にほんとう］。

④体を［ゆみ］なりに　そらせる。

⑤［ゆみや］の　手入れを　する。

⑥右むきの［や］じるし。

⑦いちょうの［たいぼく］が　風に　ゆれる。

ヒント　❷　④⑤「弓」は書きじゅんに気をつけましょう。三画で書きます。

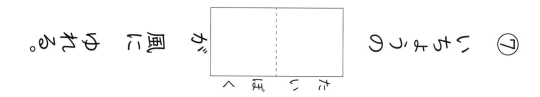

きほんのドリル 45。 かん字を つかおう 7 (2)

時間 15分 ごうかく80点 /100

答え104ページ

月 日

書いて おぼえよう！

直 教91ページ
チョク ジキ ただちに なおす なおる
つける
8画 直直直直直直直直
直線（ちょくせん） 正直（しょうじき） 直ちに（ただちに） 書き直す（かきなおす）
直（め）

里 教91ページ
リ さと
出さない
7画 里里里里里里里
きょう里（り） 千里（せんり） 里いも（さといも） 里帰り（さとがえり）
里（さと）

寺 教91ページ
ジ てら
ながく
6画 寺寺寺寺寺寺
寺院（じいん） 山寺（やまでら）
寺（すん）

黒 教91ページ
コク くろ くろい
むきにちゅうい
11画 黒黒黒黒黒黒黒黒黒黒黒
黒板（こくばん） 白黒（しろくろ） 黒い色（くろいいろ）
黒（くろ）

――の 読みは、この ページでは ならいません。

教科書 下91ページ

❶ 読みがなを 書きましょう。 30点（一つ6）

① （　　）直線を （　　）引く。

② （　　）里いもを （　　）買う。

③ （　　）寺の （　　）かね。

④ （　　）黒い （　　）コート。

⑤ （　　）黒ばんに （　　）書く。

「黒」は、点の むきに ちゅういしましょう。

うらの ページに つづくよ！

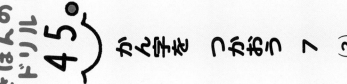

2 当てはまる　かん字を　書きましょう。

70点（一つ10）

① 道を　[ちょっかく]に　まがる。

② [ひとぎと]　はなれた　一けんや。

③ [さと]いもを　なべで　にる。

④ [やまでら]の　おしょうさん。

⑤ にもつを　[くろ]い　かばんに　入れる。

⑥ [くろいろ]の　ペンを　つかう。

⑦ [こく]ばんを　きれいに　する。

ヒント　2 ①「直」は、下の「乚」を「L」としないように気をつけましょう。

きほんのドリル 46。 はんたいの いみの ことば (1)

時間 15分
ごうかく80点 ／100
サクッと こたえ あわせ
答え 104ページ
月　日

読んで おぼえよう！

●…読み方が 新しい かん字
●…とくべつな 読み方を する かん字

教93ページ	教93ページ	教93ページ
台（ダイ・タイ）	今年（ことし）	時計（とけい）

書いて おぼえよう！

教92・93ページ
弱 ジャク／よわい・よわる・よわまる・よわめる（むきにちゅうい）
10画　弱弱弱弱弱弱弱弱弱弱
弱点（じゃくてん）　弱い（よわい）糸（いと）　弱（ゆみ）

教92・93ページ
遠 エン／とおい（とめる）
13画　遠遠遠遠遠遠遠遠遠遠遠遠遠
遠足（えんそく）　遠い（とおい）国（くに）　遠（しんにょう・しんにゅう）

教93ページ
古 コ／ふるい・ふるす（長く）
5画　古古古古古
古代（こだい）　古い（ふるい）本（ほん）　古（くち）

——の 読みは、この ページでは ならいません。

はんたいの いみの かん字と セットで おぼえよう。

1 読みがなを 書きましょう。 30点（一つ6）

① あつさに 弱い。（　　）
② 弱点を ねらう。（　　）
③ 家まで 遠い。（　　）
④ 古い 町なみ。（　　）
⑤ 時計を 見る。（　　）

← うらの ページに つづくよ！

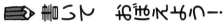

教科書 下 92～93ページ

❷ 当てはまる　かん字を　書きましょう。

70点（一つ10）

① 夏の　あつさに　[よわ]い。

② [えん　そく]は　来週の　月曜日だ。

③ [とお]い　むかしの　おとぎ話。

④ [ふる]い　たてものを　こわす。

⑤ [たい　ふう]の　ひがいを　ふせぐ。

⑥ [ことし]の　冬は　さむく　なりそうだ。

⑦ 止まった　[とけい]の　しゅうりを　する。

ヒント ❷
①書きじゅんにちゅういしましょう。左、右のじゅんに書きます。
⑥⑦とくべつな読み方をすることばです。

きほんのドリル 47。

はんたいの いみの ことば (2) くらべて つたえよう

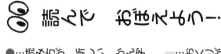

時間 15分 ごうかく80点 /100

答え 104ページ

月　日

サクッと こたえ あわせ

書いて おぼえよう！

半（教93ページ） ハン なかば　ながく
5画　半半半半半
半分（はんぶん）　今月（こんげつ）の 半（なか）ば
半（じゅう）

公（教93ページ） コウ　あける
4画　公公公公
公正（こうせい）　公園（こうえん）　公開（こうかい）
公（はち）

理（教98ページ） リ　長く
11画　理理理理理理理理理理理
理科（りか）　地理（ちり）　道理（どうり）
理（おうへん・たまへん）

――の 読みは、この ページでは ならいません。

読んで おぼえよう！

●…読み方が 新しい かん字　‖…おくりがな
●…とくべつな 読み方を する かん字

組（教93ページ） ソ くむ・くみ	強（教93ページ） キョウ つよい・つよまる・つよめる	買（教93ページ） バイ かう	下（教93ページ） ゲ・カ おりる・おろす・くださる・くだす・くだる・さがる・さげる・した・しも	下手（教93ページ） へた
左（教93ページ） サ ひだり	近（教93ページ） キン ちかい	上（教93ページ） ジョウ のぼる・あがる・あげる・うわ・うえ・かみ		
右（教93ページ） ユウ みぎ	売（教93ページ） バイ うる・うれる		学（教96ページ） ガク まなぶ	

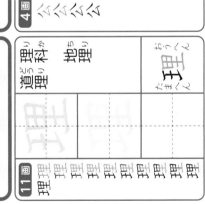

「半」は 点の むきに 気を つけよう。

1 読みがなを 書きましょう。 20点（一つ10）

① 半日（　　） かかる。

② 左右（　　） を たしかめる。

❷ 当てはまる　かん字を　書きましょう。

80点（一つ8）

① [　　]（はんぶん）ずつくばる。

② [　　]（こうえん）であそぶ。

③ [　　]（りか）のじっけん。

④ [　　]（いちくみ）の教室。

⑤ [　　]（きょうじゃく）をつける。

⑥ [　　]（えんきん）をしらべる。

⑦ 米の[　　]（ばいばい）。

⑧ 川の[　　]（かみしも）。

⑨ 算数を[　]（まな）ぶ。

⑩ 歌が[　]（へた）だ。

ヒント ❷
①「はん」は、先に点を書きます。
⑤～⑧はんたいのいみのかん字をくみ合わせたことばです。

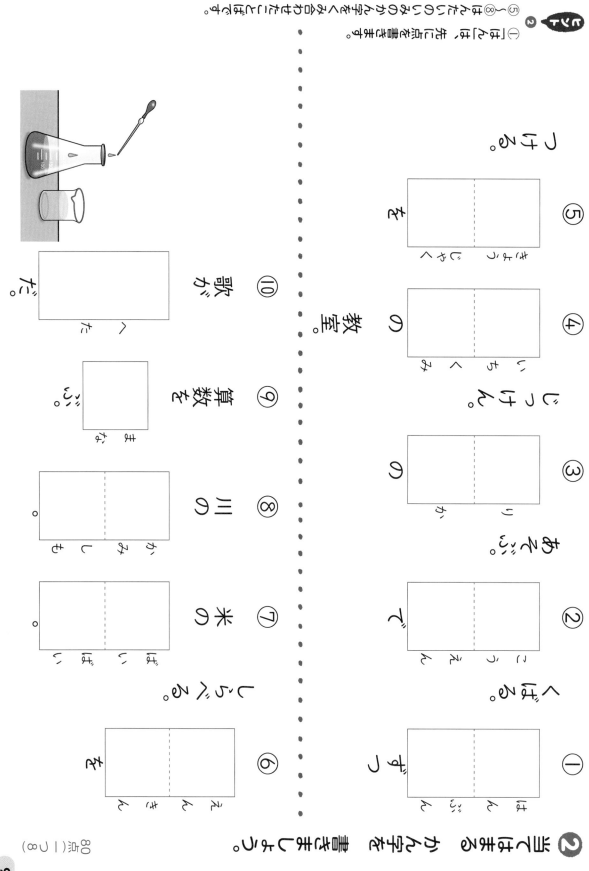

きほんのドリル 48。

声に 出して みよう
たからものを しょうかいしよう
お手紙
かん字を つかおう 8 (1)

時間15分 ごうかく80点 /100

サクッとこたえあわせ 答え104ページ

月　日

書いて おぼえよう！

教科書 下103～131ページ

【教103ページ】用 ヨウ もちいる（はらう）
用紙（ようし） 用心（ようじん） 紙（かみ）を 用（もち）いる
用（もちいる）
5画 用用用用用

【教118ページ】毎 マイ（はねる）
毎日（まいにち） 毎月（まいつき） 毎回（まいかい） 毎朝（まいあさ）
毎（なかれ）
6画 毎毎毎毎毎毎

【教119ページ】帰 キ かえる かえす（とめる）
帰国（きこく） 早（はや）く 帰（かえ）る
帰（はば）
10画 帰帰帰帰帰帰帰帰帰帰

【教131ページ】羽 はね は（はねる）
羽（は）ばたく 鳥（とり）の 羽（はね）
羽（はね）
6画 羽羽羽羽羽羽

――の 読みは、この ページでは ならいません。

読んで おぼえよう！

●…読み方が 新しい かん字　＝…おくりがな
●…とくべつな 読み方を する かん字

教103ページ 紙 シ かみ	教125ページ 友 ユウ とも	教103ページ 川原 かわら
教106ページ 角 カク かど つの	教103ページ 明日 あす	教103ページ 七夕 たなばた
教125ページ 親 シン おや したしい したしむ	教103ページ 今朝 けさ	

1 読みがなを 書きましょう。 20点（一つ5）

① 画用紙に 書く。（　　）

② 毎月の よてい。（　　）

③ 家に 帰る。（　　）

④ 小鳥の 羽。（　　）

← うらの ページに つづくよ！

❷ 当てはまる　かん字を　書きましょう。

80点（一つ8）

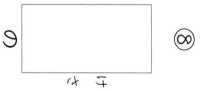

① コピー［ようし］。

② ［まいにち］　早おき　する。

③ 四時に　家へ　［かえ］る。

④ チョウの　［はね］。

⑤ 牛の　［つの］。

⑥ きみは　［しんゆう］だ。

⑦ ［あす］の　夜。

⑧ ［けさ］の　出来ごと。

⑨ ［かわら］の　石。

⑩ ［たなばた］の　夜。

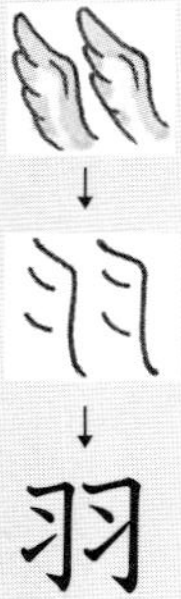

ヒント　❷ ①「用」のまん中のたてぼうは、つき出すことにちゅういしましょう。

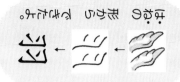

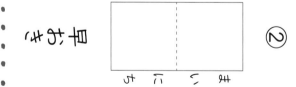

かん字を つかおう 8 (2) にた いみの ことば

時間 15分　ごうかく80点　/100

答え 104ページ

月　日

書いて おぼえよう！

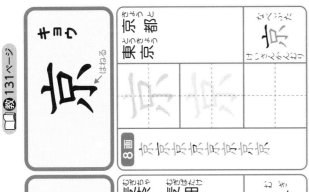

京（教131ページ）キョウ　はねる
8画　京京京京京京京京
京都（きょうと）　東京（とうきょう）
京（なべぶた・けいさんかんむり）

麦（教131ページ）むぎ　長く
7画　麦麦麦麦麦麦麦
麦茶（むぎちゃ）　麦畑（むぎばたけ）　小麦（こむぎ）
麦（むぎ）

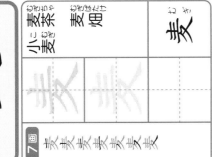

交（教131ページ）コウ　まじわる・まじえる・まじる・まざる・まぜる　あける
6画　交交交交交交
交通（こうつう）　かな交（ま）じり　道（みち）が　交（まじ）わる
交（なべぶた・けいさんかんむり）

星（教132ページ）セイ　ほし　長く
9画　星星星星星星星星星
木星（もくせい）　星（ほし）が　光（ひか）る
星（ひ）

読んで おぼえよう！

●…読み方が 新しい かん字　‖…おくりがな

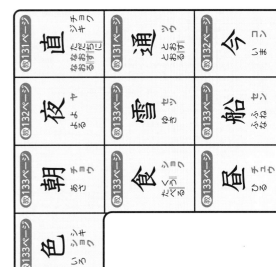

直（教131ページ）チョク・ジキ　ただ‖ちに・なお‖す・なお‖る	夜（教132ページ）ヤ　よ・よる	朝（教133ページ）チョウ　あさ	色（教133ページ）シキ・ショク　いろ
通（教131ページ）ツウ　とお‖す・とお‖る	雪（教133ページ）セツ　ゆき	食（教133ページ）ショク　く‖う・た‖べる	
今（教132ページ）コン　いま	船（教133ページ）セン　ふね・ふな	昼（教133ページ）チュウ　ひる	

1 読みがなを 書きましょう。 30点（一つ10）

① 東京（　　）へ 行く。

② 手紙を 交（　　）かんする。

③ 小麦（　　）を うえる。

――の 読みは、この ページでは ならいません。

教科書 下131～133ページ

うらの ページに つづくよ！

2 当てはまる かん字を 書きましょう。

70点（一つ7）

① おじが［じょう］［きょう］する。

② ［こう］［つう］ルール

③ ながれ［ぼし］を 見る。

④ まちがいを［なお］す。

⑤ ［こん］［や］の 月。

⑥ 広い［せつ］［げん］。

⑦ 赤い［ふう］［せん］。

⑧ ［そう］［ちょう］に おきる。

⑨ ［ちゅう］［しょく］の おかず。

⑩ ［に］［しょく］の ペン。

ヒント 2 ⑤「こんや」は、その日の夜のことです。

学年まつの ホームテスト 50。

一月から三月にならった かん字と ことば

時間 15分
ごうかく80点
/100
サクッと こたえあわせ
答え 104ページ
月 日

1 かん字の 読みがなを 書きましょう。 20点(一つ4)

① 理科（　）の じっけんを する。

② 毎週（　）こきょうに 帰（　）る。

③ 時計（　）の 長い はり。

④ 弓矢（　）の 名人。

2 当てはまる かん字を 書きましょう。〔　〕には かん字と ひらがなを 書きましょう。 20点(一つ5)

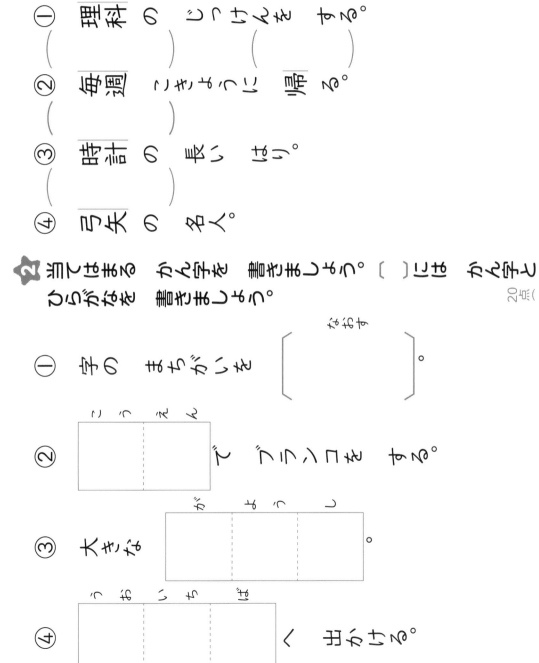

① 字の まちがいを 〔なおす〕。

② □□(こうえん) で ブランコを する。

③ 大きな □□□(がようし)。

④ □□□(うおいちば) へ 出かける。

うらの ページに つづくよ！

3 あいて いる ところに 入る ものを、後の ［　］から えらんで、それぞれ かん字を 作りましょう。 15点（一つ5）

①［糸｜　］　②［　／生］　③［　／灬］

［里　日　田］

4 つぎの かん字の 書きじゅんの 正しい 方に、○を つけましょう。 20点（一つ10）

① 羽
- ㋐（　）丁 刀 羽 羽 羽 羽
- ㋑（　）丁 ヨ ヨ 羽 羽 羽

② 半
- ㋐（　）丶 丷 䒑 兰 半
- ㋑（　）一 二 三 半 半

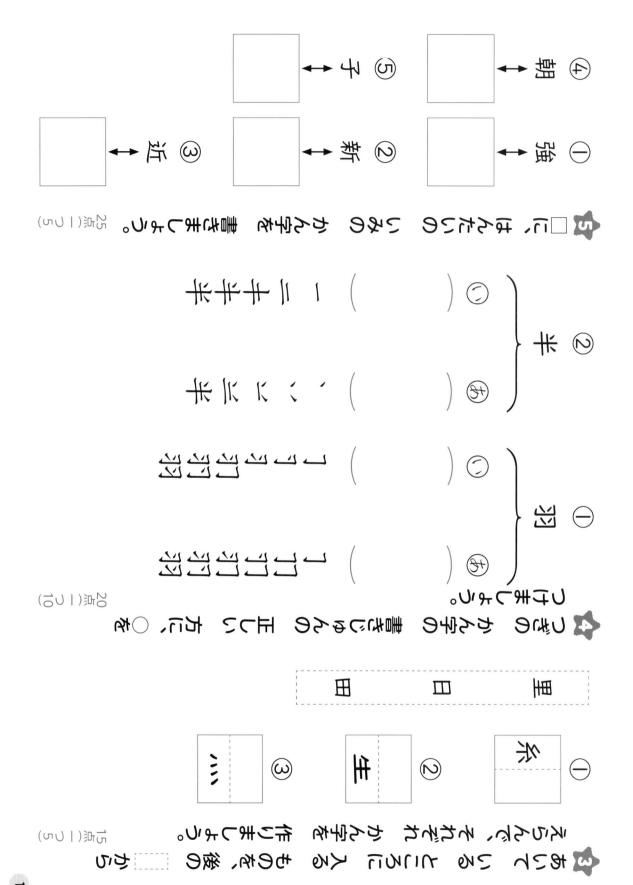

5 □に、はんたいの いみの かん字を 書きましょう。 25点（一つ5）

① 強 ↔ □　② 新 ↔ □　③ 近 ↔ □

④ 朝 ↔ □　⑤ 子 ↔ □

こたえ

●まちがって　いたら、
そのままに　しないで、
かならず　やりなおしましょう。

1. かん字のふくしゅう　1～2ページ

1 ①おう　②ひだり　③み　④せんせい　⑤て　⑥がっこう　⑦みぎ　⑧おと

2 ①力　②入る　③小さい　④女　⑤虫　⑥大きい

3 ①げつ・び　②ゆうひ　③むら　④もり　⑤はちにん　⑥やす　⑦あおぞら　⑧た

4 ①雨　②五　③一本　④天気　⑤白い　⑥赤い　⑦車

2. きほんのドリル　3～4ページ

1 ①かぜ　②げんき　③よ　④い　⑤い

2 ①風　②元気　③読　④読　⑤言　⑥言　⑦言

3. きほんのドリル　5～6ページ

1 ①ひか　②はなし　③はな　④まる　⑤こえ

2 ①光　②話　③話　④丸　⑤丸　⑥丸　⑦声　⑧声　⑨木　⑩読

4. きほんのドリル　7～8ページ

1 ①い　②か　③ちゅう

2 ①分　②日記　③一日中　④空　⑤光　⑥小川　⑦上下

5. きほんのドリル　9～10ページ

1 ①か　②かた　③ゆうがた　④つく　⑤てん

2 ①書　②書　③夕方　④作　⑤点　⑥一点　⑦点

6. きほんのドリル　11～12ページ

1 ①せん　②かく　③かず　④かくすう　⑤どくしょ

2 ①線　②二画　③画数　④数　⑤数字　⑥読書　⑦書名

7. きほんのドリル　13～14ページ

1 ①き　②き　③なに　④なんにん　⑤かんが

2 ①聞　②聞　③聞　④何　⑤何　⑥考　⑦考

8. きほんのドリル　15～16ページ

1 ①よる　②あいだ　③おお　④すく　⑤かぞ

2 ①夜　②間　③間　④多　⑤多　⑥少　⑦数

9. きほんのドリル　17～18ページ

1 ①げ　②あ　③じかん　④とき　⑤せいかつ

2 ①毛糸　②当　③当　④時間　⑤時　⑥生活　⑦活気

10. きほんのドリル　19～20ページ

1 ①かがく　②く　③せいもん　④だんし・じょし　⑤にんげん

2 ①科学　②来月　③来　④文字　⑤正月　⑥男女　⑦人間

11. きほんのドリル　21～22ページ

1 ①まわ　②まわ　③たか　④たか　⑤きいろ

2 ①回　②回　③高　④高　⑤黄色　⑥黄　⑦色

12 まとめのドリル 23〜24ページ

1 ①きいろ・かぜ ②なに・き ③せいかつか ④どくしょ ⑤たか ⑥かく ⑦こう ⑧かぞ

2 ①元気・声 ②行く ③夜 ④毛糸 ⑤考・作る ⑥正門 ⑦点線 ⑧時間

13 きほんのドリル 25〜26ページ

1 ①がいこく ②ちめい ③なまえ ④おとな ⑤ふたり

2 ①外国 ②国 ③地上 ④前 ⑤前 ⑥一人 ⑦大人

14 きほんのドリル 27〜28ページ

1 ①のはら ②あたま ③こた ④ほう ⑤ほんとう

2 ①野山 ②原 ③頭 ④答 ⑤答 ⑥方 ⑦当

15 きほんのドリル 29〜30ページ

1 ①うし ②あ ③おも ④お

2 ①子牛 ②場 ③思 ④水気 ⑤空気 ⑥風 ⑦元

16 きほんのドリル 31〜32ページ

1 ①いま ②しゃ ③おやこ ④とも ⑤きゅうじつ

2 ①今 ②社会 ③親 ④親子 ⑤友 ⑥見学 ⑦休日

17 きほんのドリル 33〜34ページ

1 ①あか ②けいさん ③く ④なま

2 ①明 ②明 ③計算 ④組 ⑤言 ⑥方言 ⑦生

18 きほんのドリル 35〜36ページ

1 ①いえ ②じぶん ③こころ ④おし ⑤さんぎょうめ

2 ①家 ②自分 ③心 ④教 ⑤教 ⑥三人分 ⑦一行目

19 きほんのドリル 37〜38ページ

1 ①えん ②し ③からだ ④なが ⑤なが

2 ①園 ②園 ③知 ④知 ⑤体 ⑥長 ⑦長

20 きほんのドリル 39〜40ページ

1 ①ふと ②にく ③おな ④そうげん(くさはら) ⑤しんりん

2 ①太 ②肉 ③同 ④草原 ⑤森林 ⑥下 ⑦下

21 夏休みのホームテスト 41〜42ページ

☆1 ①なが ②おな・ちほう ③さんすう ④きゅうじつ

☆2 ①太い ②親しい ③明るい・答える ④思った

☆3 ①(あ)げん (い)はら ②(あ)ま (い)あいだ ③(あ)おそ (い)おし

☆4 ①(あ)園 (い)国 ②(あ)今 (い)分

22 きほんのドリル 43〜44ページ

1 ①あ ②あ ③たの ④ゆき ⑤だいがくせい

2 ①合 ②合 ③楽 ④楽 ⑤雪 ⑥雪 ⑦大小

23 きほんのドリル 45〜46ページ

1 ①かお ②た ③ある ④はし ⑤きょう

2 ①顔 ②食 ③歩 ④走 ⑤今日 ⑥一生 ⑦少

24 きほんのドリル 47〜48ページ

1 ①と ②おとうと ③いもうと ④く ⑤た

2 ①止 ②止 ③弟 ④妹 ⑤食 ⑥足 ⑦足

25. きほんのドリル 49〜50ページ

1 ①いちまんえん ②たいせつ ③てんさい ④がいこくご ⑤はか

2 ①万一 ②天才 ③語学 ④野外 ⑤雨天 ⑥天 ⑦丸太

26. きほんのドリル 51〜52ページ

1 ①だい ②え ③ひろ ④ひろ ⑤ず

2 ①土台 ②台 ③絵 ④広 ⑤広 ⑥地図 ⑦図

27. まとめのドリル 53〜54ページ

1 ①きょう・え ②どだい ③まんいち ④ひろ ⑤ず ⑥すこ・たいせつ ⑦いっしょう ⑧た

2 ①走る・歩く ②食べる ③楽しい ④語学 ⑤弟・妹 ⑥雪 ⑦顔 ⑧合った

28. きほんのドリル 55〜56ページ

1 ①ずこう ②ちか ③ひ ④じょうず

2 ①大工 ②北風 ③近 ④引 ⑤地 ⑥上書 ⑦切

29. きほんのドリル 57〜58ページ

1 ①うし ②かたち ③うち ④ごふん ⑤よぞら

2 ①後 ②形 ③内 ④国家 ⑤家 ⑥五分間 ⑦夜

30. きほんのドリル 59〜60ページ

1 ①うみ ②かいすい ③あたら ④つよ ⑤としょ

2 ①海 ②海風 ③海水 ④新 ⑤強 ⑥強 ⑦図書

31. きほんのドリル 61〜62ページ

1 ①な ②な ③くも ④は ⑤ふね

2 ①鳴 ②鳴 ③雲 ④晴 ⑤晴 ⑥船 ⑦船

32. きほんのドリル 63〜64ページ

1 ①てん ②ふゆやま ③あさ ④らいしゅう ⑤こうちょう

2 ①店 ②店 ③冬空 ④朝日 ⑤朝 ⑥来週 ⑦社長

33. きほんのドリル 65〜66ページ

1 ①いち ②ちゃ ③はる ④さんかくけい ⑤みせ

2 ①市場 ②茶色 ③春休 ④角 ⑤四角形 ⑥店 ⑦円形

34. まとめのドリル 67〜68ページ

1 ①つよ ②くも・は ③みせ ④かいすい ⑤はる・きた ⑥かたち ⑦あさ ⑧ちゃいろ

2 ①大工 ②近く ③内・引く ④新しい ⑤夜中・船 ⑥一家 ⑦鳴く ⑧二週間

35. きほんのドリル 69〜70ページ

1 ①なつ ②あき ③ひがし ④みなみ ⑤しゅうぶん

2 ①夏休 ②夏 ③秋風 ④秋分 ⑤東 ⑥南 ⑦南東

36. きほんのドリル 71〜72ページ

1 ①にし ②とうざい ③ちち ④はは ⑤あに

2 ①西日 ②西 ③西 ④東西 ⑤父親 ⑥母親 ⑦兄

37. きほんのドリル 73〜74ページ

1 ①あね ②てがみ ③しゅんかしゅうとう

2 ①姉 ②昼 ③教室 ④音楽 ⑤体 ⑥南北 ⑦紙 ⑧兄弟 ⑨母 ⑩父

38 きほんのドリル 75～76ページ
❶ ①う ②か ③みち ④こめ ⑤はず
❷ ①売 ②買 ③道 ④米 ⑤年 ⑥外 ⑦中心

39 きほんのドリル 77～78ページ
❶ ①うた ②あまど ③どようび ④ごご ⑤あまぐも
❷ ①歌声 ②戸 ③曜日 ④午後 ⑤雨雲 ⑥空 ⑦前後

40 きほんのドリル 79～80ページ
❶ ①たに ②いわ ③がんせき ④いけ ⑤いけ
❷ ①谷川 ②谷間 ③岩 ④岩山 ⑤池 ⑥池 ⑦岩石

41 きほんのドリル 81～82ページ
❶ ①とり ②うま ③くび ④ばん ⑤ずがこうさく
❷ ①鳥 ②馬 ③竹馬 ④手首 ⑤当番 ⑥出番 ⑦図画工作

42 冬休みのホームテスト 83～84ページ
☆1 ①にちよう・てがみ ②ぜんご ③あまぐも ④ばんち
☆2 ①買う ②歌う ③正午・教室 ④図画工作
☆3 ①秋・冬 ②昼 ③西
☆4 ①五 ②二 ③二

43 きほんのドリル 85～86ページ
❶ ①さかな ②こま ③あ
❷ ①金魚 ②電気 ③細 ④通 ⑤何回 ⑥下 ⑦後回 ⑧外 ⑨角 ⑩先

44 きほんのドリル 87～88ページ
❶ ①きしゃ ②こがたな ③ゆみ ④や ⑤ぼくとう
❷ ①汽車 ②小刀 ③日本刀 ④弓 ⑤弓矢 ⑥矢 ⑦大木

45 きほんのドリル 89～90ページ
❶ ①ちょくせん ②さと ③てら ④くろ ⑤こく
❷ ①直角 ②人里 ③里 ④山寺 ⑤黒 ⑥黒色 ⑦黒

46 きほんのドリル 91～92ページ
❶ ①よわ ②じゃくてん ③とお ④ふる ⑤とけい
❷ ①弱 ②遠足 ③遠 ④古 ⑤台風 ⑥今年 ⑦時計

47 きほんのドリル 93～94ページ
❶ ①はんにち ②さゆう
❷ ①半分 ②公園 ③理料 ④一組 ⑤強弱 ⑥遠近 ⑦売買 ⑧上下 ⑨学 ⑩下手

48 きほんのドリル 95～96ページ
❶ ①がようし ②まいつき ③かえ ④はね
❷ ①用紙 ②毎日 ③帰 ④羽 ⑤角 ⑥親友 ⑦明日 ⑧今朝 ⑨川原 ⑩七夕

49 きほんのドリル 97～98ページ
❶ ①とうきょう ②こう ③こむぎ
❷ ①上京 ②交通 ③星 ④直 ⑤今夜 ⑥雪原 ⑦風船 ⑧早朝 ⑨昼食 ⑩二色

50 学年まつのホームテスト 99～100ページ
☆1 ①りか ②まいしゅう・かえ ③とけい ④ゆみや
☆2 ①直す ②公園 ③画用紙 ④魚市場
☆3 ①細 ②星 ③黒
☆4 ①㋑ ②㋐
☆5 ①弱 ②古 ③遠 ④夜 ⑤親